Monika Graff

Pfeffernuss und Mandelkern

Walter Hädecke Verlag

2. Auflage

ISBN 3-7750-0074-7

Farbtafeln auf Seite 18, 51 und 52 mit freundlicher Genehmigung von KRAFT-KÜCHEN-SERVICE, Eschborn bei Frankfurt/M.

Einbandgestaltung und Textillustrationen von Monika Graff nach einem Foto von KRAFT-KÜCHEN-SERVICE.

 Printed in Germany. Satz: IBV Lichtsatz KG, Berlin. Druck: Ernst Kieser KG, Augsburg

Inhaltsverzeichnis

»Hädecke-Leckerbissen« sind aktuelle Koch- und Diätbücher in einer neuen, farbig illustrierten Buchreihe. Die folgenden Titel sind lieferbar:

1 Lisa Mar, Leckerbissen zum Abnehmen
2 Lisa Mar, Leckerbissen für Diabetiker
4 Y. Line, Leckerbissen zum Nachtisch
5 Lisa Mar, Leckerbissen für Herz- und Kreislaufkranke
6 Lisa Mar, Leckerbissen für Gallen- und Leberkranke
7 Y. Line, Leckerbissen aus der Gefriertruhe
8 J. Freydiger, Leckere Mixgetränke
9 Horst Scharfenberg serviert leckere Fondues
10 Das kleine Salatbuch
11 Graff/Hädecke, Leckere kalte Küche
12 Lisa Mar, Leckere leichte Magenkost
13 Hilde Graff-Hädecke, Leckerbissen für Senioren
14 H. Fritz, Das neue Partybuch
15 Kraft/Pagel, Schlank nach Plan, gepflegt und schön
16 Horst Scharfenberg serviert Leckerbissen aus aller Welt
17 Frisch vom Grill
18 Horst Scharfenberg serviert kurzgebratene Leckerbissen
19 Ursula Grüninger, Hackfleisch-Leckerbissen
20 Monika Graff, Pfeffernuß und Mandelkern – Das kleine Weihnachtsbackbuch
21 Monika Graff, Eis und Drinks

Aus Ur-Ur-Großmutters Weihnachtsbäckerei

Magenconfekt

Man siedet ein Pfund gestoßenen Zucker mit einem Trinkglase voll Wasser auf Kohlfeuer so lang, bis es dick wird, nimmt dann Muskatblüthe, Zimmet, Nägelein, von jedem ein halbes Loth, Zibeben, Cardemumen, von jedem ein Quint, alles gröblicht gestoßen, nebst einem halben Pfund geschälten und fein geschnittenen Mandeln und der fein geschnittenen Schale von einer Zitrone dazu, mengt alles wohl untereinander, schafft etwas feines Mehl darunter, daß es einen Taig zum Auswällen gibt, wällt ihn eines starken Messerrückens dick aus, sticht ihn mit kleinen Blechformen aus, legt das Ausgestochene auf ein mit weißem Wachs bestrichenes Blech, backt es in einem kühlen Ofen hellgelb, überzieht es, wenn es erkaltet ist, mit einem Eis, und trocknet es wieder ab.

Aus »Oekonomisches Handbuch für Frauenzimmer«
erschienen 1817 bey Joh. Fried. Steinkopf.

Dies und das

– Kleine Tips, vor dem Backen zu lesen

Wenn in der Adventszeit geheimnisvoll würziger Kuchenduft durch's Haus zieht, wenn man auf dem Weihnachtsmarkt das köstliche Aroma von Pfefferkuchen und gebrannten Mandeln schnuppert, dann werden die schönsten Kindheitserinnerungen wach – an das Ausschlecken der Teigschüssel, das Stibietzen eines Teigstückchens von Mutters Backbrett und das verstohlene Naschen köstlicher Lebkuchen, Plätzchen und Brötchen, die vor Weihnachten, wenn man eigentlich noch nicht darangehen dürfte, immer am besten schmecken.
Es gibt Dinge, die man einfach selber machen muß, die durch fertig Gekauftes – und sei es noch so gut – nicht ersetzt werden können. Dazu gehört das Weihnachtsgebäck. Ein Glück nur, daß wir uns trotz allen Vorweihnachtsrummels und inmitten mancher Hetzerei dazu noch die Zeit nehmen und daß sich oft die ganze Familie mit Freude an's Backen macht. Die Kinder stechen mit Begeisterung die schönsten Formen aus, und selbst Väter, die man in der Küche sonst nicht so häufig zu Gesicht bekommt, sollen schon mit Vergnügen die Ärmel hochgekrempelt haben, um mit kräftiger Hand den Stollenteig zu kneten, denn hierzu braucht es Spezialisten.
Und so erstehen sie alle Jahre wieder: Omis Zuckerkipferl, Tante Jennys Studentenkäpple aus Thüringen, der Striezel, dessen Rezept die Uroma seinerzeit aus Wien oder Innsbruck mitbrachte und die Printen der Großeltern aus Aachen. Wir hängen an den alten Rezepten, denen in diesem Buch viel Platz gewidmet ist, aber wir freuen uns auch über neue Backideen und moderne Backtechniken, über Rezepte, die aus unseren Nachbarländern stammen, und über Gebäck, das mit ganz neuen Lebensmittelprodukten minutenschnell und wahrhaft köstlich hergestellt und mit wohlschmeckenden Glasuren phantasievoll geschmückt werden kann.
Alle diese verschiedenen Arten von Weihnachtsgebäck finden Sie in den folgenden Kapiteln – eines davon ist ganz den Kindern gewidmet, die – vielleicht unter Mutters Anleitung – einfache Plätzchen selber backen und zu Weihnachten verschenken können.

Eines ist wichtig: Fangen Sie rechtzeitig mit dem Backen an und backen Sie so viel, daß der vorweihnachtliche »Schwund« ausgeglichen werden kann. Bei jedem Rezept sind Stückzahlen angegeben. Sie mögen manchem etwas hoch vorkommen. Man soll jedoch Kleingebäck wirklich klein ausschneiden oder ausstechen – es ist doch viel schöner, viele verschiedene kleine Plätzchen zu naschen, als zwei oder drei Riesenstücke. Jeder wird hier »seine« Größe bald selbst finden und bald auch die genauen Backzeiten für »seinen« Herd.
Für die ersten Versuche wünschen wir Ihnen gutes Gelingen und viel Spaß beim Familienbackfest.

Anis

ist die getrocknete Spaltfrucht der Anispflanze mit einem stark süßlich-aromatischen Aroma. Gemahlenen Anis rasch verbrauchen.

Aufbewahren

Für Gebäck, das knusprig bleiben soll, nehmen Sie am besten eine gut verschließbare Blechdose. Gebäck, das weich werden soll, wie zum Beispiel Lebkuchen, bleibt erst an der Luft liegen und kommt dann in eine Dose. Nie verschiedene Gebäcksorten in einem Behälter aufbewahren, das Aroma kann sich dann nicht frei entfalten und die Plätzchen werden entweder alle weich oder alle hart. Um ein Zusammenkleben zu vermeiden, empfiehlt es sich, eine Lage Pergamentpapier zwischen die einzelnen Gebäcklagen zu geben. Großes Gebäck, wie Stollen und ähnliches, mit Zellophanpapier umwickeln.

Arrak

ist meist das Erzeugnis aus Palmsaft, vergorenem Reis und Zuckerrohrmelasse. Es gibt verschiedene Sorten, bei uns ist der Arrak aus Java der gebräuchlichste. Sein Aroma veredelt das Gebäck und wird vor allem in der Punschglasur verwendet.

Backoblaten

werden stets auf das ungefettete Blech gelegt.

Backpapier

ist außerordentlich praktisch: das Backblech braucht nicht eingefettet zu werden, das Gebäck klebt nicht am Blech und das Blech muß nicht abgewaschen werden. Die bezeichnete Seite des Papiers wird aufs Blech gelegt.

Backwachs ist in der Drogerie in Form einer kleinen Platte (rund oder rechteckig) erhältlich. Man nimmt es in die Hand und streicht eine dünne Schicht auf das Backblech. Es hat die Eigenschaft von hartem Fett und wurde früher gern anstelle von Fett verwendet.

Einschiebehöhe Hohes Backwerk kommt auf die untere Schiebeleiste, flaches Gebäck auf die mittlere Schiebeleiste, wenn im Rezept nicht ausdrücklich eine andere Einschiebehöhe angegeben ist.

Eiweiß müssen Sie stets in einem völlig fettfreien Gefäß zu Schnee schlagen. Eiweiß und Eigelb müssen dabei sauber getrennt sein.

Fenchel Diese Doldenblütenpflanze, deren Früchte das ätherische Fenchelöl enthalten, findet auch in der Weihnachtsbäckerei Verwendung.

Garprobe – Hölzchenprobe Das Gebäck ist fertig, wenn beim Einstechen kein Teig am Hölzchen (Zahnstocher) hängenbleibt. Wenn das gefettete Blech leicht mit Mehl bestäubt wird, verrät auch der »Kuchenduft« und die Bräunung, daß das Gebäck fertig ist.

Glasur oder Guß kann mit Lebensmittelfarben oder durch Zusatz von Fruchtsäften leuchtend eingefärbt werden.

Haselnußkerne, die geschält werden sollen, werden einige Minuten auf dem Backblech im heißen Backofen geröstet und noch warm zwischen den Händen gerieben. Ungeschält zu verwendende Haselnüsse werden zuerst verlesen und dann in einem trockenen Tuch gut geschüttelt.

Hirschhornsalz ist Ammoniumkarbonat und wird als Treibmittel, besonders in älteren Rezepten, verwendet.

Honig

Das ist in der Weihnachtsbäckerei eine beliebte Zutat. Er findet in Lebkuchen, Honigkuchen und in verschiedenem Kleingebäck Verwendung.

Ingwer

Eine Gewürzlilie, deren getrockneter Wurzelstock ungeschält als schwarzer, geschält als weißer Ingwer, gebleicht oder gekalkt, kandiert, in Sirup eingelegt und in Pulverform verwendet wird. Er hat einen scharf-würzigen, etwas brennenden Geschmack und sollte nur in kleinen Mengen beigegeben werden.

Kardamom

Die getrockneten Samen der Kardamompflanze. Sie werden ganz oder in Pulverform verwendet und schmecken brennend-würzig.

Koriander

Die getrockneten Spaltfrüchte der Korianderpflanze geben u. a. Lebkuchen und Spekulatius einen würzigen Geschmack.

Mandeln,

die geschält werden sollen, werden mit kochendem Wasser überbrüht, einige Zeit darin stehen gelassen, geschält, dann sofort in kaltes Wasser gegeben und auf einem Tuch zum Trocknen ausgebreitet. Mandeln, die ungeschält verarbeitet werden, werden zuerst sorgfältig verlesen, dann mit einem befeuchteten Tuch zwischen den Händen gerieben, auf einem Brettchen ausgebreitet und wenn sie gut getrocknet sind, gestiftelt oder gerieben. Bittere Mandeln finden nur selten und auch nur in geringer Menge Verwendung beim Backen.

Muskat

kann aus der Muskatnuß und aus der Muskatblüte gewonnen werden. Die Muskatnuß ist der Samenkern und die Muskatblüte der getrocknete Samenmantel der Pflanze. Beide werden getrocknet, im ganzen oder als Pulver angeboten. Der Geschmack ist leicht bitter und feurig-aromatisch, wobei die Muskatblüte etwas milder im Aroma ist.

Nelken

Die Blütenknospen des Gewürznelkenbaumes, die kurz vor dem Aufblühen geerntet werden. Sie sind rötlich und nach dem Trocknen dunkelbraun. Nelken werden ganz oder gemahlen verwendet, ihr Geschmack ist brennend-kräftig und scharf; sie sollten in einem gut verschlossenen Glas aufbewahrt werden, um ihr Aroma nicht zu verlieren.

Piment

sind die kurz vor der Ernte gepflückten Beeren des Nelkenpfefferbaumes. Für's Weihnachtsgebäck wird Piment gemahlen verwendet. Der Geschmack ist nelkenähnlich mit der Schärfe von Pfeffer.

Pistazienkerne

Sie werden auch Pistazienmandeln genannt und werden von den am Mittelmeer angepflanzten Sträuchern und Bäumen geerntet.

Pomeranzenschale

Die Pomeranze ist die ursprüngliche Form der Orange mit nußgroßen Früchten und hat einen stark würzigen, etwas bitteren Geschmack. In den Fruchtschalen ist ein ätherisches Öl enthalten. Zum Backen wird die Schale nur in ganz kleinen Mengen verwendet.

Pottasche

(Kaliumkarbonat) wird als Treibmittel verwendet.

Rosenwasser

ist in der Apotheke erhältlich.

Rosinen und Sultaninen

werden auf einem bemehlten Tuch zwischen den Händen gerieben und die Stiele entfernt. Sie können sie auch entstielen, rasch waschen, ausgebreitet trocknen, kurz vor der Verwendung etwas anwärmen und leicht mit Mehl bestäuben. Das Untersinken im Teig wird dadurch vermieden.

Rum

wird aus Zuckerrohr gewonnen und stammt weitgehend aus der Karibik, dem Süden Asiens, von den Philippinen und Madagaskar. Zum Backen wird meist der 54%ige Rum verwendet, 80%iger Rum und weißer Rum eignen sich mehr für Mixgetränke.

Safran

sind die getrockneten Blütennarben der Safranpflanze. Der Geschmack ist würzig bitter und kleine Beigaben sind in Rührkuchen und Kleingebäck möglich.

Springerle

werden durch langes Liegen in einer Dose weich. Harte Springerle können bunt bemalt und mit einem Goldfädchen versehen als Advents- oder Weihnachtsschmuck aufgehängt werden.

Spritztüte

mit verschiedenen Aufsätzen gibt es in Haushaltsgeschäften fertig zu kaufen. Man kann sich aber eine Spritztüte sehr gut selbst machen: Aus Pergamentpapier schneiden Sie ein Quadrat, das Sie diagonal zusammenrollen, so daß eine spitze Tüte entsteht, oder Sie schneiden eine kleine Ecke von einer Plastiktüte ab. Die Öffnung am unteren Teil der Tüte richtet sich nach der Art der Verzierung. Am besten ist es, mehrere Tüten mit verschieden großen Löchern herzustellen. Zum Einfüllen der Spritzmasse muß man den oberen Rand nach außen umkrempeln, dann läuft nichts daneben. Zum Spritzen müssen die oberen Enden fest zusammengedrückt werden.

Vanille

ist eine Kletterorchidee. Vanille sind die fast ausgewachsenen, aber noch nicht vollreifen, auf verschiedene Weise weiterbehandelten Kapselfrüchte (auch Stangen und Schoten genannt). Der Geschmack ist süßlich-würzig. In Pulverform wird Vanille mit Zucker vermischt angeboten.

Verzierungen

Es gibt eine Vielfalt von Möglichkeiten: Glasuren in verschiedenen Farben, Schokoladenüberzug, Rosinen, Sultaninen, kleingeschnittenes Orangeat und Zitronat, Geleefrüchte in verschiedenen Farben, kandierte Früchte, Smarties, Schokoladenplätzchen, Liebesperlen, Schokoladenstreusel, Silberpastillen, Hagelzukker, ausgestochenes Marzipan, Mandeln, Pinienkerne, gehackte Pistazien, Walnüsse, Haselnüsse, halbierte Datteln, Feigenstückchen, Kokosraspeln, verschiedene Buchstaben, Figuren, Vignetten etc. mit der Spritztüte gezeichnet.

Walnüsse, die noch frisch sind, müssen von dem weißen Häutchen befreit werden, da dieses Bitterstoffe enthält. Wenn von der Backerei Walnüsse übrig bleiben, wickeln Sie diese in Alufolie und hängen sie an bunten Bändern als preiswerten Weihnachtsschmuck auf.

Zimt (Kaneel) vom Zimtbaum oder -strauch, ist die von der Außenrinde befreite, getrocknete Innenrinde. Zimt ist in Stangen oder gemahlen erhältlich. Der Geschmack ist süß-brennend.

Zitronat auch Sukkade genannt, wird aus der noch grünen Fruchtschale einer Zitronensorte des Mittelmeeres hergestellt. Die dicke Schale wird zunächst in Salzwasser eingelegt und dann mit viel Zucker eingekocht.

Zitrusfrüchte Orangen und Zitronen, deren Schalen Sie zum Backen verwenden wollen, dürfen nicht gespritzt sein. Bitte beachten Sie die Kennzeichnungen an Beuteln und Preisschildern. Im Zweifel kaufen Sie die Früchte in Geschäften mit biologisch angebautem Obst und Gemüse.

Kleingebäck aus Omis Schatulle

Heidesand
ca. 50 Stück

125 g Butter, 125 g Zucker,
1 Päckchen Vanillinzucker, 200 g Mehl,
1 Teelöffel Backpulver,
2 Eßlöffel geriebene Schokolade.
Etwas Mehl zum Formen der Teigrollen.

Sie erhitzen die Butter, lassen sie leicht bräunen und schlagen sie nach kurzem Abkühlen schaumig. Sie rühren den Zucker, den Vanillinzucker und das mit Backpulver vermischte Mehl dazu und kneten den Teig gut durch. Dann teilen Sie den Teig, kneten in die eine Hälfte die geriebene Schokolade, wellen eine dünne Platte aus und umwickeln damit den hellen, zu einer Rolle geformten Teig. Oder Sie wellen den hellen Teig dünn aus und formen den dunklen zu einer Rolle, die Sie dann umwickeln. Stellen Sie den Teig für 5 bis 10 Minuten in den Kühlschrank, schneiden Sie etwa fingerdicke Scheiben davon und backen Sie diese auf einem gefetteten Blech im vorgeheizten Backofen ca. 20 Minuten hellgelb.
E. Herd 175–200/G. Herd 2–3

Schokoladenmakronen
ca. 50–60 Stück

300 g ungeschälte, geriebene Mandeln,
4–5 Eiweiß, 300 g feiner Zucker,
100 g geriebene Zartbitterschokolade.
Runde Backoblaten.

Die Mandeln verrühren Sie mit einem Eiweiß und mischen den Zucker und die Schokolade unter. Dann schlagen Sie die restlichen Eiweiß zu Schnee und ziehen ihn vorsichtig unter die Mandelmasse. Sie belegen ein Backblech mit Oblaten, setzen auf diese kleine Makronenhäufchen und backen sie im vorgeheizten Backofen ca. 20 Minuten.
E. Herd 150–175/G. Herd 1–2

Hagebutten-makronen
ca. 40–50 Stück

2–3 Eiweiß, 250 g Puderzucker,
1 Eßlöffel Zitronensaft,
300 g geschälte, geriebene Mandeln,
2 Eßlöffel Hagebuttenmark (Hägenmark).

Schlagen Sie die Eiweiß steif und rühren Sie den Puderzucker und Zitronensaft dazu. Von Hand müssen Sie nun 20 Minuten, mit dem elektrischen Handrührer ca. 2 Minuten rühren. Zur Verzierung behalten sie etwa 1/2 Tasse dieser Schaummasse zurück. Unter die übrige Masse mischen Sie die Mandeln und das Hagebuttenmark. Sie belegen ein Backblech mit Backpapier (oder bestreichen es mit Wachs) und setzen länglich geformte Makronen darauf. In die Oberfläche drücken Sie mit einem in Zucker getauchten schmalen Löffelstiel eine Vertiefung, in die Sie etwas Schaummasse hineinspritzen. Sie lassen die Makronen etwa 30 Minuten abtrocknen und backen sie im vorgeheizten Backofen ca. 20 Minuten hellgelb.
E. Herd 150–175/G. Herd 1–2

Kokosmakronen
ca. 50–60 Stück

250 g Kokosflocken,
250 g Zucker, 4 Eiweiß,
Saft und Schale von 1/2 Zitrone
oder 1 Päckchen Vanillinzucker.
Kleine Backoblaten.

Sie rühren die Kokosflocken, den Zucker, ein Eiweiß, Zitronensaft und -schale in einer Pfanne bei geringer Wärmezufuhr so lange, bis die Masse lauwarm ist. Die restlichen Eiweiß schlagen Sie steif und mischen sie nach und nach unter die völlig erkaltete Masse. (Sollte die Masse zu weich sein, so können Sie einen Eßlöffel Grieß zufügen.) Sie belegen ein Backblech mit Oblaten, formen mit Hilfe von zwei Teelöffeln Makronen, setzen sie darauf und backen sie im vorgeheizten Backofen hellgelb.
E. Herd 150–175/G. Herd 1–2

Rehfüßchen (Marzipan-Makronen)

ca. 40 Stück

250 g Rohmarzipanmasse,
2 Eiweiß, 125 g Puderzucker,
2 Eßlöffel feine Zwiebackbrösel,
ca. 150 g Kuvertüre.

Nach dem Rezept S. 44 stellen Sie das Marzipan her oder Sie verwenden fertig gekauftes Rohmarzipan. Sie schlagen die Eiweiß steif, rühren sie mit dem Zucker dickschaumig und mischen dann die etwas weichgeknetete Marzipanmasse und die Zwiebackbrösel darunter. Auf ein gefettetes Backblech setzen Sie kleine Makronen und backen sie im vorgeheizten Backofen in ca. 20 Minuten hellgelb.

E. Herd 175–200/G. Herd 2–3

Sie lösen die Kuvertüre im Wasserbad auf, lassen sie etwas abkühlen und tauchen die noch warmen Rehfüßchen mit der Unterseite hinein. Sollte die Kuvertüre zu kühl werden, so stellen Sie sie wieder ins Wasserbad. Die Rehfüßchen legen Sie mit der Schokoladenseite nach oben auf ein Kuchengitter zum Abtrocknen.

Wespennester

ca. 80–90 Stück

375 g ungeschälte, gestiftelte Mandeln,
375 g Zucker, 6 Eiweiß,
125 g Halbbitterschokolade,
je 1 gute Prise Zimt und Nelkenpulver,
1 Päckchen Vanillinzucker.
Kleine runde Backoblaten.

Rösten Sie die Mandeln mit 1 Eßlöffel Zucker und lassen Sie sie erkalten. Die Eiweiß schlagen Sie zu steifem Schnee und fügen die übrigen Zutaten bei. Sie belegen ein Backblech mit Oblaten, setzen darauf kleine Mandelhäufchen und backen sie im vorgeheizten Backofen ca. 20 Minuten.

E. Herd 150–175/G. Herd 1–2

Bethmännchen
ca. 25–30 Stück

300 g abgezogene Mandeln,
200 g Puderzucker, 2 Eier,
einige Tropfen Bittermandelaroma,
1 Eigelb, 80 g geschälte Mandelhälften.

Die Mandeln lassen Sie gut trocknen und reiben sie mit Hilfe der Küchenmaschine fein (Sie können natürlich auch eine Mandelmühle benutzen). Verkneten Sie die Mandeln mit den angegebenen Zutaten, einschließlich Bittermandelaroma, formen Sie kleine Kugeln daraus und bestreichen Sie diese mit Eigelb. Auf jede Kugel drücken Sie drei Mandelhälften, deren Spitzen nach oben zeigen müssen. Die Bethmännchen lassen Sie über Nacht stehen und backen sie am nächsten Tag im vorgeheizten Backofen ca. 30 Minuten.
E. Herd 175/G. Herd 2–2 1/2

Dattelnüßchen
ca. 25–30 Stück

125 g Mehl, 2 Eßlöffel Zucker,
1 Teelöffel Rum, 70 g Butter.
25–30 Datteln,
25–30 Haselnußkerne oder halbierte Walnußkerne.
Puderzucker oder Schokoladenglasur S. 65.

Sie bereiten aus den Zutaten einen Mürbteig nach Grundrezept S. 67 zu, wellen ihn dünn aus und rädeln kleine Vierecke aus. Sie entsteinen die Datteln, füllen sie mit einem Haselnußkern oder einer Walnußhälfte und drücken die Frucht wieder gut zusammen. Sie umhüllen die Datteln mit den Teigquadraten und bakken sie im vorgeheizten Backofen auf einem gefetteten Backblech ca. 20 bis 25 Minuten.
E. Herd 175–200/G. Herd 2–3
Sie bestäuben die Dattelnüßchen mit Puderzucker oder tauchen sie in Schokoladenglasur und lassen sie auf einem Gitter trocknen.

Aus Omis Schatulle: Schwabenbrötchen Seite 23, Vanillekipferl Seite 20, Butter-S, kinderleicht, Seite 39, Heidesand Seite 13. ▶

Advent

Feigenhäufchen

ca. 30–40 Stück

250 g ungeschälte Mandeln, 250 g Feigen, 200 g Puderzucker, 3 Eiweiß, Saft einer Zitrone, 1 Prise Salz, kleine runde Backoblaten.

Schneiden Sie die Mandeln in Stifte und die Feigen in Würfelchen. Geben Sie Puderzucker, Eiweiß, Zitronensaft und Salz dazu und verkneten Sie die Masse gut miteinander. Mit dem Knethaken geht das schnell und problemlos. Dann formen Sie mit zwei Kaffeelöffeln kleine Häufchen und setzen diese auf die Backoblaten. Backen Sie die Feigenhäufchen ca. 30 Minuten im vorgeheizten Backofen bei schwacher Hitze.
E. Herd 150–175/G. Herd 1–2

Mandelhalbmonde

ca. 60–70 Stück

250 g Mehl, 60 g Zucker,
5 Eigelb, 1 Prise Salz, 100 g Butter.
Zum Bestreichen: Himbeermarmelade.
Zum Füllen: 5 Eiweiß, 180 g Zucker,
120 g geschälte, geriebene Mandeln,
30 g zerlassene Butter, 60 g Mehl, 1 Eßlöffel Milch.
Zum Glasieren: Zitronenglasur S. 63.

Aus den angegebenen Zutaten kneten Sie auf dem Backbrett rasch einen Teig und stellen ihn eine Stunde kalt. Dann rollen Sie ihn ca. 1/2 cm dick aus und legen ein gefettetes Backblech damit aus. Im vorgeheizten Backofen backen Sie den Teig hellgelb *halbfertig*.
E. Herd 175–200/G. Herd 2–3
Für die Fülle schlagen Sie inzwischen die Eiweiß steif und rühren die übrigen Zutaten darunter.
Sie nehmen das Blech heraus, bestreichen den Teig dick mit Himbeermarmelade und der Fülle.
Sie erhöhen die Backhitze und backen den Teig in ca. 10 Minuten fertig.
E. Herd 200–225/G. Herd 3–4
Nach kurzem Abkühlen glasieren Sie die ganze Fläche und stechen Halbmonde aus.

◀ Gewürztaler, mit Spritzglasur und Nüssen phantasievoll dekoriert, Seite 59. Geschenkvorschlag: Verpacken Sie die Taler in eine handbemalte Spanschachtel.

Vanillekipferl, Zuckerkipferl

ca. 40–50 Stück

250 g Mehl, 180 g Butter,
100 g geschälte, geriebene Mandeln,
90 g Zucker.
Zum Wenden: Echter Vanillezucker aus dem Reformhaus, vermischt mit feinem Sandzucker.

Sie verkneten das Mehl, die Butter, die Mandeln und den Zucker auf dem Backbrett zu einem glatten Teig und stellen ihn kurze Zeit kalt. Dann formen Sie eine lange, schmale Rolle, schneiden davon gleichmäßig kleine Stücke ab, rollen diese leicht mit dem Handballen aus und formen kleine Hörnchen (Kipferl). Sie backen die Vanillekipferl auf einem gut gefetteten Backblech im vorgeheizten Backofen in ca. 20 Minuten blaßgelb.
E. Herd 150–175/G. Herd 1–2
Die heißen Kipferl wälzen Sie sofort in der Vanille-Sandzucker-Mischung, lassen sie abkühlen und bewahren sie in einer Blechdose mit zwischengelegtem Pergamentpapier auf.

Zimtsterne

ca. 60 Stück

7–8 Eiweiß, 625 g Puderzucker,
Saft und geriebene Schale von 1 Zitrone,
2 Eßlöffel Zimt,
500 g ungeschälte, geriebene Mandeln.
Zum Auswellen: Sandzucker.

Sie schlagen die Eiweiß zu steifem Schnee und rühren die Schaummasse mit gesiebtem Puderzucker, Saft und Abrieb der Zitrone so dick, daß sie nicht mehr vom Löffel läuft. Davon behalten Sie eine große Tasse für den Guß zurück. Unter die übrige Masse mischen Sie den Zimt und die Mandeln und wellen sie in sehr kleinen Mengen auf Zucker etwa fingerdick aus. Damit der Teig nicht auf dem Backbrett hängenbleibt, schieben Sie ihn während des Auswellens leicht hin und her. Stechen Sie Sterne aus, die Sie auf ein mit Backpapier belegtes Backblech legen. Sie lassen die Zimtsterne über Nacht trocknen und überziehen sie am nächsten Tag mit dem zurückbehaltenen, nochmals durchgerührten Guß. Sie lassen die Glasur abtrocknen und backen die Sterne im vorgeheizten Backofen, bis der Guß hellgelb ist.
E. Herd 150–175/G. Herd 1–2

Haselnuß-busserln

ca. 50–60 Stück

3–4 Eiweiß, 200 g Zucker,
250 g ungeschälte, geriebene Haselnüsse,
30 g geriebene bittere Schokolade,
1 Teelöffel sehr fein gemahlener Kaffee
oder löslicher Schnellkaffee,
1 Päckchen Vanillinzucker.
Backoblaten.
Zum Füllen: feine Marmelade,
kandierte Früchte oder Haselnußkerne.

Schlagen Sie die Eiweiß zu steifem Schnee und rühren Sie Eischnee und Zucker von Hand ca. 20 Minuten, mit der Maschine ca. 2 Minuten. Dann mischen Sie die übrigen Zutaten leicht darunter, formen kleine Kugeln und legen diese auf ein Backblech mit Backoblaten. Mit einem Löffelstiel drücken Sie kleine Vertiefungen in die Haselnußbusserln und backen sie ca. 20 Minuten im vorgeheizten Backofen.
E. Herd 150–175/G. Herd 1–2
Nach dem Backen müssen die Busserln einen Tag an einem Platz mit nicht zu trockener Luft stehen, damit sie weich werden. Sie füllen die Vertiefungen mit feiner Marmelade oder kandierten Früchten bzw. Haselnußkernen aus und bewahren die Busserln nebeneinanderliegend (damit sie nicht zusammenkleben) auf.

Zedernbrot

ca. 60–70 Stück

4–5 Eiweiß, 600 g Puderzucker,
Saft und abgeriebene Schale von 2 kleinen Zitronen,
500 g geschälte, geriebene Mandeln.
Zum Auswellen: Sandzucker.

Sie schlagen die Eiweiß zu steifem Schnee, den Sie mit Puderzukker und Zitronensaft schaumig rühren (1 Tasse für den Guß zurückbehalten). Sie mischen die Zitronenschale und die Mandeln darunter und rollen die Masse auf Zucker aus. Sie stechen Halbmonde, die Sie am Rand etwas einkerben, oder Sterne aus, lassen sie über Nacht auf dem Backbrett trocknen und glasieren sie am nächsten Tag mit dem zurückbehaltenen, nochmals durchgerührten Guß. Auf einem gefetteten Backblech im vorgeheizten Backofen backen Sie das Zedernbrot in ca. 20 Minuten hellgelb.
E. Herd 150–175/G. Herd 1–2

Tante Jennys Anisplätzchen

ca. 100 Stück

6 Eier, 500 g Zucker, 500 g Mehl,
1 Päckchen ungemahlener Anis,
1 Stück Backpapier.

Rühren Sie die Eier mit dem Zucker und dann mit dem gesiebten Mehl ca. 1 Stunde gut zusammen (mit dem elektrischen Handrührer brauchen Sie ca. 10 Minuten dazu). Sie fügen den ganzen Anis zu und setzen auf ein mit Backpapier belegtes Blech kleine Teighäufchen, die Sie mit Hilfe eines Teelöffels zu runden Plätzchen formen. Nun lassen Sie die Anisplätzchen gut trocknen, evtl. über Nacht, bevor sie in ca. 15 Minuten hell gebacken werden.
E. Herd 150–175/G. Herd 1–2

Spanische Anisplätzchen

ca. 40–50 Stück

1/4 l Pflanzenöl, 1 Zitronenspirale,
2 Teelöffel Sesamsamen, 2 Teelöffel Anissamen,
1/8 l trockener Weißwein,
je 1 Teelöffel Zitronen- und Orangenschalenabrieb (von ungespritzten Früchten),
100 g Zucker, 500 g Mehl, 8 g Hirschhornsalz,
1/2 Eßlöffel gemahlener Zimt, 1 Beutel Mandelblättchen.

Erhitzen Sie das Öl, bis es raucht, und geben Sie die Zitronenspirale und Samenkörnchen hinein. Dann nehmen Sie den Topf vom Herd und lassen das Gemisch auf Zimmertemperatur abkühlen. Die Zitronenschale entfernen Sie, gießen den Wein dazu und mischen den Abrieb und den Zucker unter. Dies machen Sie am besten mit dem elektrischen Handrührer in der Rührschüssel. Wenn sich der Zucker vollständig aufgelöst hat, fügen Sie langsam unter stetigem Rühren Mehl und Zimt dazu. Den Teigkloß lassen Sie ca. 30 Minuten ruhen und teilen ihn dann in gleichgroße Stückchen. Drücken Sie diese etwa kleinfingerdick flach und legen Sie sie in Abständen auf ein gefettetes Backblech. Drücken Sie auf jedes Plätzchen noch einige Mandelblättchen und backen Sie die Anisplätzchen im vorgeheizten Backofen ca. 25 Minuten auf mittlerer Einschubhöhe.
E. Herd 175/G. Herd 2

Variante: Sie lassen die Mandelblättchen weg und überziehen die noch heißen Plätzchen mit Zitronenglasur, Seite 63.

Französische Pomeranzenbrötchen

ca. 40–50 Stück

250 g Zucker, 3 Eier,
1/2 Teelöffel abgeriebene Zitronenschale,
50 g Zitronat,
125 g kandierte Pomeranzenschalen,
250 g Mehl, 1/2 Päckchen Backpulver.
Zum Belegen: feingeschnittene Zitronat- und Orangeatstreifen.

Rühren Sie den Zucker, die Eier und die Zitronenschale etwa 2 Minuten mit dem elektrischen Handrührer. Schneiden Sie das Zitronat und die Pomeranzenschale in Stifte und vermischen Sie das Mehl mit dem Backpulver. Diese Zutaten rühren Sie nach und nach dazu, wobei das Mehl löffelweise untergerührt wird. Sie formen ovale Plätzchen, legen sie auf ein gefettetes, leicht mit Mehl bestäubtes Backblech, belegen die Brötchen über Kreuz mit den schmal geschnittenen Zitronat- und Orangeatstreifen und backen sie im vorgeheizten Backofen ca. 20 Minuten.
E. Herd 175–200/G. Herd 2–3

Schwabenbrötchen

ca. 100 Stück

375 g Mehl, 250 g Butter, 250 g Zucker,
250 g ungeschälte, geriebene Mandeln,
1 Ei, abgeriebene Schale von 1/2 Zitrone,
1 Eßlöffel Zimt,
1 Messerspitze Nelken, gemahlen.
Zum Bestreichen: 2 Eigelb.
Zum Bestreuen:
geschälte, gehackte Mandeln,
Hagelzucker.

Bereiten Sie aus den angegebenen Zutaten nach dem Grundrezept S. 67 einen Mürbteig und stellen Sie ihn eine Stunde kalt. Mit Hilfe von etwas Mehl wellen Sie den Teig nicht zu dünn aus, stechen beliebige Formen aus und stellen sie über Nacht kühl. Am nächsten Tag überpinseln Sie die Plätzchen mit Eigelb, tauchen sie in Mandelstückchen und Hagelzucker und backen sie auf einem gefetteten Backblech im vorgeheizten Backofen ca. 20 Minuten knusprig.
E. Herd 175–200/G. Herd 2–3

Rosinenbrötchen
ca. 40–45 Stück

125 g Butter,
60 g feingewiegtes Zitronat,
4 Eier, 125 g Rosinen,
125 g Zucker, 250 g Mehl.

Rühren Sie die Butter schaumig und fügen Sie die übrigen vorbereiteten Zutaten bei. Zuletzt mischen Sie das Mehl darunter, vermengen alles gut und stechen mit einem Teelöffel Häufchen ab, die Sie auf ein gefettetes Backblech setzen. Die Rosinenbrötchen bleiben über Nacht stehen und werden dann im vorgeheizten Backofen ca. 20 Minuten gebacken.
E. Herd 175–200/G. Herd 2–3

Schweizer Batzen
ca. 40–50 Stück

4 Eier, 250 g Zucker,
300 g geschälte, fein geschnittene Mandeln,
abgeriebene Schale von 1/2 Zitrone,
1 Teelöffel Zimt,
je 50 g Orangeat und Zitronat, kleinwürfelig geschnitten,
250 g Mehl.

Rühren Sie Eier und Zucker von Hand ca. 20 Minuten, mit dem elektrischen Handrührer ca. 2 Minuten. Dann mischen Sie die übrigen Zutaten und zuletzt das Mehl darunter. Sie fetten ein Backblech und setzen etwa walnußgroße Häufchen darauf und backen sie im vorgeheizten Backofen in ca. 20 Minuten hellbraun.
E. Herd 175–200/G. Herd 2–3

Mundbiß
ca. 40–50 Stück

125 g Butter, 1 Ei, 125 g Zucker,
65 g geschälte, geriebene Mandeln,
abgeriebene Schale von 1/2 Zitrone,
1 Messerspitze Zimt, 190 g Mehl.
Zum Füllen: Marmelade.
Zitronenglasur S. 63
Zum Belegen: geschälte, halbierte Mandeln.

Sie rühren die Butter schaumig, vermischen sie mit den anderen Zutaten, kneten daraus einen glatten Teig und stellen diesen kalt.

Dann wellen Sie ihn sehr dünn aus, stechen beliebige Förmchen aus und backen sie auf einem gefetteten, mit Mehl bestäubten Backblech in ca. 20 Minuten hellgelb.
E. Herd 175–200/G. Herd 2–3
Zwischen je zwei etwas abgekühlte Plätzchen streichen Sie Marmelade, ziehen Zitronenglasur darüber und setzen eine Mandelhälfte in die Mitte. In der Wärme trocknen lassen.

Spitzbuben

ca. 40–50 Stück

100 g Butter, 100 g Zucker, 200 g Mehl,
65 g geschälte, geriebene Mandeln,
1 Teelöffel Vanillinzucker.
Zum Füllen: feine Marmelade.
Zum Bestreuen: Vanillin- oder Puderzucker.

Hacken Sie die Zutaten auf dem Backbrett so lange, bis sich die Masse zusammenballt. Verkneten Sie den Teig leicht und stellen Sie ihn kalt (vgl. Mürbteig-Grundrezept S. 67). Dann wellen Sie den Teig sehr dünn aus und stechen runde Plätzchen aus. Bei der Hälfte der Plätzchen stechen Sie in der Mitte mit einem Fingerhut eine kleine Öffnung aus. Auf einem gefetteten Backblech werden sie im vorgeheizten Backofen in ca. 20 Minuten zu heller Farbe gebacken.
E. Herd 175–200/G. Herd 2–3
Zwischen zwei Plätzchen streichen Sie dünn Marmelade, kleben sie zusammen, wobei die Plätzchen mit der Öffnung oben sind, und streuen Puder- oder Vanillinzucker darüber.

Schokoladenherzen

ca. 15–20 Stück

2 Eiweiß, 250 g Zucker,
250 g ungeschälte, geriebene Mandeln,
70 g geriebene Vollmilchschokolade,
eine Prise Zimt oder geriebene Zitronenschale.

Sie schlagen die Eiweiß steif, rühren den Zucker dazu und fügen die Mandeln, die Schokolade und das Gewürz zu. Sie wellen den Teig mit Hilfe von etwas Mehl aus, stechen mit Herzförmchen aus, legen die Herzen auf ein gefettetes Backblech und lassen sie im vorgeheizten Backofen ca. 20 Minuten backen.
E. Herd 150/G. Herd 1

Mizzis Schokowürfel

ca. 50 Stück

4 Eier, 150 g zerlassene Butter, 150 g feiner Zucker,
150 g mit der Schale geriebene Haselnüsse,
150 g zerlassene Blockschokolade, 100 g Mehl,
1 Messerspitze Backpulver oder Natron.
Zum Füllen: Johannisbeergelee.
Zum Bestäuben: Puderzucker.

Rühren Sie die Eier mit der Butter und dem Zucker schaumig, geben Sie Haselnüsse und Schokolade zu und rühren Sie zum Schluß das mit Backpulver vermischte Mehl unter. Sie heizen den Backofen vor und streichen die dickflüssige Masse auf ein ungefettetes Backblech. Sie backen sie ca. 30 Minuten, zur Sicherheit machen Sie die Stäbchenprobe.
E. Herd 175/G. Herd 2
Nach dem Auskühlen schneiden Sie das Gebäck in ca. 2 × 2 cm große Würfel. Wenn der Teig beim Backen gut aufgegangen ist, schneiden Sie die Würfel auf halber Höhe durch und bestreichen sie mit Johannisbeergelee. Wenn der Teig niedrig geblieben ist, kleben Sie je zwei Würfel mit Gelee zusammen. Sie bestäuben sie mit Puderzucker und bewahren sie in einer gut verschlossenen Dose auf. Sie können diese Würfel schon sehr bald vor Weihnachten backen, weil sie immer besser werden, je länger sie lagern.

Echte Linzer Kranzerln (Altes Originalrezept)

ca. 30 Stück

4 hartgekochte Eier,
85 g Zucker, 200 g Butter, 270 g Mehl,
1 Ei zum Bestreichen,
100 g Mandelstifte, Marmelade zum Füllen,
100 g Zucker und 1 Päckchen Vanillinzucker zum Bestäuben.

Von den hartgekochten Eiern passieren Sie die Dotter durch ein Sieb und verrühren sie mit Zucker und Butter. Dann geben Sie das Mehl dazu und wellen den Teig messerrückendick aus. Sie stechen »Kranzerln« (runde Kringel) aus, bestreichen diese mit verquirltem Ei, bestreuen sie mit den Mandelstiften und backen sie hellbraun.
E. Herd 175–200/G. Herd 2–3
Noch warm setzen Sie je zwei mit Marmelade bestrichen zusammen und streuen die Zuckermischung darüber.

Helenenschnitten

ca. 20 Stück

100 g Butter, 150 g Mehl, 50 g Zucker,
50 g geschälte, geriebene Mandeln,
abgeriebene Schale von 1 Zitrone.
Eiweißglasur S. 64, Aprikosenmarmelade.
Zum Überstäuben: Puderzucker, Vanillinzucker.

Vermischen Sie die schaumig gerührte Butter mit dem gesiebten Mehl, dem Zucker, den Mandeln und der Zitronenschale. Verarbeiten Sie den Teig leicht auf dem Backbrett und stellen Sie ihn 1 Stunde kalt. Rollen Sie aus dem Teig zwei gleichlange ca. 10 cm breite Streifen aus, spritzen Sie auf den einen Teigstreifen mit der Glasur ein Gitter und backen Sie ihn sofort im vorgeheizten Backofen in ca. 15 Minuten hell aus. Den anderen Streifen backen Sie ohne Glasur, bestreichen ihn nach kurzem Abkühlen mit der Marmelade und decken den glasierten Streifen darüber.
E. Herd 200–225/G. Herd 3–4
Schneiden Sie das Gebäck in gleichmäßige Vierecke und stäuben Sie den mit Vanillinzucker vermischten Puderzucker darüber.

Wiener Waffeln

ca. 30–35 Stück

150 g Mehl, 100 g Butter, 60 g Zucker,
70 g ungeschälte, geriebene Mandeln, 30 g Schokolade,
1 Ei, 1/2 Teelöffel Vanillinzucker.
Zum Bepinseln: 1 verquirltes Ei.
Zum Füllen: 70 g geschälte, geriebene Mandeln,
70 g Zucker, etwas Wasser. Vanilleglasur S. 63

Arbeiten Sie alle Zutaten auf dem Backbrett rasch zusammen, kneten Sie den Teig glatt und stellen Sie ihn ca. 1 Stunde kalt. Dann wellen Sie zwei gleichgroße lange, schmale Streifen aus, überpinseln einen Streifen mit verquirltem Ei und drücken den Rand ringsum etwas in die Höhe.
Zur Füllung zerdrücken Sie die Mandeln mit dem Zucker und etwas kaltem Wasser in einer Schüssel und streichen die Masse auf den hochgewölbten Teigstreifen. Den zweiten Teigstreifen dekken Sie darüber und lassen das Gebäck im vorgeheizten Backofen auf gefettetem Backblech in 20 bis 30 Minuten hellbraun werden.
E. Herd 175–200/G. Herd 2–3
Noch warm ziehen Sie Vanilleglasur darüber und schneiden gleichmäßige, schmale Schnitten ab.

Bärentatzen

ca. 40–50 Stück

4 Eiweiß, 250 g Puderzucker,
abgeriebene Schale und Saft von 1 Zitrone,
125 g geriebene Halbbitterschokolade,
1 Messerspitze Zimt,
250 g ungeschälte, geriebene Mandeln.
Zucker zum Ausrollen.
Semmelbrösel für das Backblech.

Sie schlagen die Eiweiß zu steifem Schnee und rühren sie mit Puderzucker, Zitronenschale und -saft dickschaumig. Die Schokolade vermischen Sie mit dem Zimt, geben sie dazu, verrühren alles gut und fügen dann erst die Mandeln zu. Sie formen kleine Kugeln, rollen sie in Zucker und drücken sie in ein mit Zucker ausgestreutes Muschelförmchen fest ein. Sie lösen die Bärentatzen vorsichtig heraus, setzen sie auf ein gefettetes mit Semmelbröseln bestreutes Backblech und lassen sie über Nacht abtrocknen. Am nächsten Tag backen Sie im vorgeheizten Backofen die Bärentatzen in ca. 25 Minuten.
E. Herd 150–175/G. Herd 1–2

Terrassenbrötchen

ca. 30–40 Stück

375 g Mehl, 250 g Butter, 125 g Zucker.
Zum Füllen: Himbeer- oder Hagebuttenmarmelade.
Zum Bestreuen: Puderzucker.

Hacken Sie die Zutaten auf einem Backbrett, bis sich der Teig zusammenballt (vgl. Mürbteig-Grundrezept S. 67), verkneten Sie ihn rasch und stellen Sie ihn 1 Stunde kalt. Dann wellen Sie ihn dünn aus und stechen gezackte, runde Formen in dreierlei Größen aus, die auf einem leicht gefetteten Backblech im vorgeheizten Backofen in ca. 20 Minuten hell ausgebacken werden.
E. Herd 175–200/G. Herd 2–3
Sie bestreichen die leicht abgekühlten großen und mittleren Plätzchen dünn mit Marmelade, setzen jeweils drei terrassenförmig aufeinander und überstäuben sie mit Puderzucker.

Springerle

ca. 80–90 Stück

4 Eier, getrennt,
500 g Zucker, 500 g Mehl,
1 Messerspitze Hirschhornsalz oder Backpulver,
abgeriebene Schale von 1/2 Zitrone.
Butter zum Fetten und Anis.
Springerle-Modeln (Holzförmchen mit Figurinen).

Sie schlagen die Eiweiß sehr steif, geben Zucker und Eigelb dazu und rühren die Masse mit dem elektrischen Handrührer ca. 5 bis 10 Minuten (von Hand ca. 45 Minuten). Dann geben Sie den Zitronenabrieb und das gesiebte Mehl zu. Sie kneten den Teig auf einem Backbrett so lange, bis er zart und geschmeidig ist. Dann stellen Sie ihn ca. 1 Stunde kalt, wellen ihn aus und drücken die mit Mehl bestäubten Modeln in den Teig. Sie schneiden die Formen aus und legen sie mit dem Muster nach oben auf ein gut mit Butter gefettetes, mit Anis bestreutes Backblech. Die Springerle müssen nun mindestens über Nacht ruhen – die Oberfläche muß gut abgetrocknet sein! Sie befeuchten die Unterseite mit Zuckerwasser, achten jedoch darauf, daß die Oberseite trocken bleibt! Nun backen Sie die Springerle in ca. 20 Minuten im schwach vorgeheizten Backofen bei geöffneter Backofentüre.
E. Herd 150–175/G. Herd 1–2
Dann schließen Sie die Backofentüre und erhöhen die Temperatur. Nach ca. 15 Minuten ist das Gebäck fertig.
E. Herd 175–200/G. Herd 2–3
Bei gut gelungenen Springerle soll die Oberfläche weiß, der Sokkel gleichhoch und der Boden goldgelb sein. Nach dem Backen bürsten Sie von jedem Springerle das Mehl ab.

Variante: Geben Sie zur Geschmacksveränderung noch 2 Teelöffel gemahlenen Anis und 2 Eßlöffel Kirschwasser in den Teig.
Besonders schöne Springerle können Sie trocknen, farbig bemalen und als Advents- und Christbaumschmuck verwenden.

Lebkuchen, Pfefferkuchen und Companie

Basler Leckerli (Feine Honiglebkuchen)

ca. 80–100 Stück

750 g Honig, 750 g Zucker,
375 g Mandeln, geschält (oder je zur Hälfte Mandeln und Haselnüsse),
je 125 g Zitronat und Orangeat,
je 1 Prise Muskat und Nelken,
je 1 Messerspitze Ingwerpulver und Piment,
3 Teelöffel Zimt,
$^1/_2$ Teelöffel Pottasche oder 1 $^1/_2$ Päckchen Backpulver,
$^1/_{10}$ l Kirschwasser, 875 g Mehl.
Zuckerglasur, S. 63 oder Eiweiß, Mandeln, Pinienkerne.

Kochen Sie den Honig mit der Hälfte des Zuckers auf, in dem restlichen Zucker rösten Sie die würfelig geschnittenen Mandeln. In den heißen Honig rühren Sie das Orangeat und Zitronat sowie die Gewürze und stellen ihn zum Abkühlen zur Seite. Sie lösen die gesiebte Pottasche mit dem Kirschwasser auf, geben das Mehl und die gerösteten Mandeln zu und vermengen alles gut mit der Honigmasse. Oder Sie geben das Kirschwasser, das mit Backpulver vermischte gesiebte Mehl und die gerösteten Mandeln zu. Sie wellen den Teig ca. $^1/_2$ cm dick aus, legen ihn auf ein gefettetes, bemehltes Blech und stellen ihn über Nacht kühl. Im vorgeheizten Backofen backen Sie die Honiglebkuchen hellbraun.
E. Herd 200–225/G. Herd 3–4
Nun können Sie die Lebkuchen entweder noch warm mit Zuckerglasur überziehen oder mit in Eiweiß getauchten Mandeln und Nußkernen verzieren. Schneiden Sie die Lebkuchen in kleine Rhomben, Quadrate oder Rechtecke und bewahren Sie sie in gut verschließbaren Blechdosen auf – eventuell unter Zugabe einer Orangenschale.

Weiße Lebkuchen
ca. 50–60 Stück

5 Eier, 500 g Zucker, 50 g geschälte Mandeln,
50 g gestifteltes Zitronat,
3 Teelöffel Zimt, 1 Prise Muskatnußblüte,
500 g Mehl, 1/2 Teelöffel Backpulver,
abgeriebene Schale von 1 Zitrone,
Zuckerglasur S. 63 oder Zitronenglasur S. 63

Rühren Sie mit dem elektrischen Handrührer die ganzen Eier mit dem Zucker schaumig, schneiden Sie die Mandeln feinwürfelig und fügen Sie sie mit den restlichen Zutaten zu dem Schaum. Verarbeiten Sie den Teig nur leicht und stellen Sie ihn 1 bis 2 Stunden kalt. Dann wellen Sie ihn ca. 1/2 cm dick aus, schneiden Lebkuchen daraus, legen diese auf ein gut gefettetes Blech und lassen sie über Nacht abtrocknen.
Am anderen Tag backen Sie die Lebkuchen im vorgeheizten Backofen hellbraun und glasieren sie noch warm.
E. Herd 175–200/G. Herd 2–3

Elisenlebkuchen
ca. 60–70 Stück

125 g Rohmarzipan,
125 g geschälte Mandeln,
375 g gestoßener, brauner Kandis,
6 Eiweiß, 50 g Orangeat,
abgeriebene Schale von 1/2 Zitrone,
150 g Mehl, 1/2 Päckchen Backpulver,
2 Teelöffel Lebkuchengewürz.
große Backoblaten.

Das Marzipan rösten Sie mit den geriebenen Mandeln, dem Kandis und 3 Eiweiß in einer hohen Pfanne bei geringer Wärmezufuhr so lange, bis sich die Masse zusammenballt. Das restliche Eiweiß vermischen Sie mit dem kleinwürfelig geschnittenen Orangeat, der Zitronenschale, dem gesiebten und mit Backpulver vermischten Mehl und dem Gewürz. Sie geben die Mandelmasse dazu und vermengen alles sehr gut miteinander. Die Oblaten bestreichen Sie ca. 1 cm hoch mit dem Teig, lassen die Lebkuchen über Nacht trocknen und backen sie am nächsten Tag im vorgeheizten Backofen 30 bis 45 Minuten.
E. Herd 175–200/G. Herd 2–3
Sie können die noch warmen Lebkuchen mit Punschglasur S. 63 oder Schokoladenglasur, S. 65 überziehen.

Nürnberger Lebkuchen

ca. 30–40 Stück

4 Eier, 250 g Zucker,
je 70 g Orangeat und Zitronat,
70 g geschälte Mandeln,
250 g Mehl, 1 Teelöffel Zimt,
je 1 Messerspitze Nelken, Muskatblüte und Kardamom,
2 g Hirschhornsalz oder ½ Päckchen Backpulver,
große Backoblaten.

Rühren Sie die Eier mit dem Zucker schaumig, fügen Sie das feinwürfelig geschnittene Orangeat und Zitronat, die blättrig geschnittenen Mandeln sowie nach und nach die übrigen Zutaten bei. Sie legen ein Backblech mit Oblaten aus, streichen die Teigmasse darauf, schneiden Lebkuchen davon und lassen sie über Nacht abtrocknen. Am nächsten Tag werden sie im vorgeheizten Backofen bei nicht ganz geschlossener Backofentür gebacken.
E. Herd 150–175/G. Herd 1–2
Sie können die Lebkuchen auch verschieden glasieren, zum Beispiel mit Zuckerglasur S. 63, Schokoladenglasur S. 65 oder mit Punschglasur S. 63

Lebzelten

ca. 30–40 Stück

Lebzelten – das ist die österreichische Bezeichnung für Lebkuchen. Sie werden in nahezu ebensoviel Abwandlungen gebacken, wie es Alpentäler in Österreich gibt. Aus dem Reichtum der Wiener Zuckerbäckerei* haben wir ein besonders leckeres Rezept ausgewählt:

280 g Gerstenmehl, ½ Päckchen Backpulver,
200 g Zucker, 2 Eier, 4 Eßlöffel Honig,
1 Stück gestoßener Ingwer, 1 Teelöffel Zimt,
1 Eßlöffel Orangenmarmelade oder
1 Teelöffel abgeriebene Orangenschale, Backwachs.

Das mit Backpulver vermischte, gesiebte Mehl vermengen Sie auf dem Backbrett mit Zucker, Eiern, Honig und Gewürzen und kneten einen festen Teig daraus, der zweimesserrückendick ausgewellt wird.
Sie backen den Lebkuchenteig auf dem gewachsten Blech im vorgeheizten Backofen in ca. 30 Minuten, überziehen ihn noch warm mit Zitronen- oder Vanilleglasur, Seite 63, und schneiden ihn in Lebkuchenstücke.

* Entnommen aus »Wiener Zuckerbäckereien« von Meta Richter, Walter Hädecke Verlag.

Lebkuchen mit Schokoladenhäubchen

ca. 80 Stück

200 g Zucker,
1 Päckchen Vanillinzucker oder Vanillemark von 1 Schote,
3 Eier,
60 g Butter,
375 g Honig,
je 1 Messerspitze Zimt und Nelken,
5 g Kardamom,
2 Eßlöffel Arrak,
100 g ungeschälte, geriebene Mandeln,
geriebene Schale von 1 Zitrone,
500 g Mehl,
1/2 Teelöffel Backpulver,
50 g Zartbitterschokolade.
Schokoladenglasur S. 65.
Zum Verzieren: Ca. 125 g Rohmarzipan oder 125 g geschälte, halbierte Mandeln.

Rühren Sie Zucker, Vanillinzucker und Eier schaumig, zerlassen Sie die Butter lauwarm, kochen Sie den Honig auf und lassen Sie ihn wieder abkühlen. Geben Sie nun die Butter, den flüssigen Honig, die Geschmackszutaten, die geriebenen Mandeln, Zitronenschalenabrieb und das Mehl, mit Backpulver vermischt, dazu und verarbeiten Sie den Teig.
Sie schneiden die Schokolade in kleine Würfelchen und mengen diese rasch unter den Teig, so daß sie nicht zerschmelzen (eventuell kurz in den Kühlschrank stellen). Die streichfähige Teigmasse verteilen Sie mit dem Teigspatel gleichmäßig auf ein gefettetes Backblech und backen die Lebkuchenmasse ca. 30 Minuten im vorgeheizten Backofen.
E. Herd 175–200/ G. Herd 2–3
Die noch heiße Lebkuchenplatte schneiden Sie auf dem Blech in kleine Quadrate oder Rechtecke. Sie überziehen die Gebäckstücke mit der Schokoladenglasur und legen auf jeden Lebkuchen entweder ein ausgestochenes Marzipanherzchen oder -sternchen oder eine halbierte, leicht geröstete Mandel. Die Lebkuchen zum Trocknen einzeln auf einem Kuchengitter ausbreiten.

Geleelebkuchen

ca. 80–90 Stück

250 g gestoßener brauner Kandis, 2 Eier,
250 g Apfelgelee oder Zitronengelee,
je 30 g Orangeat und Zitronat oder kandierter Ingwer,
70 g Haselnüsse,
je 1 Messerspitze Zimt, Nelken- und Ingwerpulver,
600 g Mehl, 1 Päckchen Backpulver.

Den fein gestoßenen Kandis rühren Sie mit den Eiern schaumig. Fügen Sie das nicht zu feste Gelee, das sehr fein geschnittene Orangeat und Zitronat, die geriebenen Nüsse und die Gewürze zu und lassen Sie zum Schluß das mit Backpulver vermischte, gesiebte Mehl nach und nach einrieseln. Nun müssen Sie den Lebkuchenteig tüchtig kneten und über Nacht kalt stellen.
Auf einem bemehlten Backbrett wellen Sie am nächsten Tag den Teig ca. 1/2 cm dick aus, stechen verschiedene Formen aus und setzen diese dicht an dicht auf ein gut gefettetes Backblech. Im vorgeheizten Ofen backen Sie die Lebkuchen ca. 30 bis 40 Minuten, trennen sie noch warm voneinander und legen sie zum Abkühlen einzeln auf ein Kuchengitter.
E. Herd 175–200/G. Herd 2–3
Sie können die Geleelebkuchen auch sehr hübsch mit Mandeln, Nüssen, Zitronatstückchen, Geleefrüchtestückchen, Kokosraspeln u. a. verzieren.

Studentenkäpple

ca. 150 Stück

500 g Zucker,
3/4 Tasse Wasser,
1 Ei, 500 g Mehl,
10 g Pfefferkuchengewürz,
1 Teelöffel Hirschhornsalz.

Lösen Sie den Zucker in kochendem Wasser auf und rühren Sie das Ei und nach und nach Mehl und Gewürze dazu. Sie kneten die Zutaten gut zusammen, rollen den Teig 1/2 cm dick aus und stechen sehr kleine Plätzchen in der Größe von 10 Pfennig-Stükken aus. Nun müssen Sie die Studentenkäpple gut trocknen lassen, damit sie ein »Füßchen« bekommen und dann ca. 10 bis 12 Minuten backen.
E. Herd 175–200/G. Herd 2–3

Pfeffernüsse
ca. 120 Stück

2 Eigelb, 250 g Zucker,
2 Messerspitzen Pottasche,
30 g sehr fein geschnittenes Zitronat
oder 4 sehr fein geschnittene Feigen,
je 1 Prise Zimt, Nelken und Piment,
1 Eßlöffel Kirschwasser, 250 g Mehl,
Kirschwasser zum Eintauchen.

Rühren Sie die Eigelb mit dem Zucker von Hand ca. 20 Minuten, mit dem elektrischen Handrührgerät ca. 2 Minuten, fügen Sie alle Zutaten bei, einschließlich des gesiebten Mehls. Auf dem Backbrett rollen Sie den Teig ca. 1 cm dick aus und stechen mit einem Schnapsglas, Eierbecher oder Förmchen Pfeffernüsse aus. Dann bestreichen Sie ein Backblech mit Wachs, setzen die Nüßchen darauf und lassen sie über Nacht trocknen.
Am nächsten Tag tauchen Sie die Pfeffernüsse einzeln in Kirschwasser und backen sie im vorgeheizten Backofen ca. 30 bis 40 Minuten.
E. Herd 175–200/G. Herd 2–3

Pfefferkuchen nach Suhler Art
ca. 60–70 Stück

2 Eier, 250 g Zucker, 200 g Butter,
abgeriebene Schale von 1/2 Zitrone,
1/8 l Milch, 500 g Mehl,
10 g Hirschhornsalz,
20 g Pfefferkuchengewürz,
evtl. Zitronat und kleingehackte Mandeln,
Margarine zum Einfetten.

Rühren Sie die Eier mit dem Zucker schaumig, fügen Sie die flüssige lauwarme Butter, die Zitronenschale und die lauwarme Milch dazu. Das Mehl vermischen Sie mit Hirschhornsalz und dem Gewürz und sieben es dazu. Dann geben Sie nach Belieben Zitronat und Mandeln darunter.
Die Zutaten ergeben einen weichen streichfähigen Teig. Sie verteilen ihn nicht zu dick (ca. 1 cm) auf dem gefetteten Blech mit hohem Rand, lassen die Pfefferkuchen über Nacht trocknen und backen sie am folgenden Tag ca. 20–30 Minuten hellbraun.
E. Herd 150–175/G. Herd 1–2
Solange es noch heiß ist, können Sie das Gebäck in kleine Rechtecke schneiden.

Spekulatius
ca. 80–90 Stück

500 g Mehl, 1/2 Päckchen Backpulver,
150 g Butter, 200 g Zucker,
30 g gehackte Kürbiskerne oder ungeschälte, geriebene Mandeln,
je 1/2 Teelöffel Zimt und Nelken,
1 Prise Piment, 1 Messerspitze Kardamom,
1 Ei, 3 Eßlöffel Milch.

Sieben Sie das Mehl mit dem Backpulver auf ein Backbrett oder in eine große Rührschüssel und bereiten Sie daraus mit den übrigen Zutaten einen Mürbteig (vgl. Seite 67), den Sie 1 Stunde ruhen lassen. Dann kneten Sie ihn nochmals durch, wellen ihn messerrückendick aus und stechen mit Spekulatius-Förmchen aus Weißblech oder mit Holzmodeln verschiedene Figuren aus, die Sie auf einem gefetteten Blech im vorgeheizten Backofen ca. 20 bis 30 Minuten knusprig braun backen.
E. Herd 220–225/G. Herd 3–4
Bewahren Sie die Spekulatius in einem offenen Gefäß an einem trockenen Ort auf, damit sie schön knusprig bleiben.

Printen
ca. 100 Stück

750 g Mehl, 500 g Honig, 250 g Sirup,
250 g Zucker, 1 Prise Salz,
1 Päckchen Backpulver,
Abrieb einer ungespritzten Orange,
2 Teelöffel Anis, 1 Teelöffel gemahlener Kardamom,
1 Teelöffel gemahlene Nelken,
40 g grob gestoßener, weißer Kandiszucker.

Verkneten Sie alle Zutaten gut miteinander und lassen Sie den Teig 2 Stunden ruhen. Dann rollen Sie ihn ca. 2 cm dick aus und schneiden ca. 3 × 10 cm große, längliche Stücke ab. Diese bestreuen Sie mit Kandiszucker, legen sie auf ein gefettetes Backblech und backen sie im vorgeheizten Backofen ca. 20 Minuten.
E. Herd 175–200/G. Herd 2–3

Variante: Backen Sie die Printen ohne Kandiszucker und ziehen Sie nach dem Erkalten Schokoladenglasur (S. 65), vermischt mit grob geriebenen Mandeln, darüber.

Backen ist ein Kinderspiel

»Äpfel, Nüss' und Mandelkern essen alle Kinder gern« – und genauso gerne greifen sie in der Advents- und Weihnachtszeit zum Rührlöffel oder zum fertigen Teigklumpen, um Plätzchen auszustechen, phantasievoll zu verzieren, zuzuschauen, wie sie bakken und dann, kaum abgekühlt, möglichst noch vor Weihnachten, zu naschen.

Die folgenden Rezepte sind einfach herzustellen und »kindererprobt«. Sie sind besonders ausführlich für Kinder zum Selberlesen geschrieben – daher kommt auch das persönliche »Du« in der Anrede (nebenbei bemerkt, dieses Kapitel ist der ideale »Einstieg« in's Selberbacken für jeden von Back- und Kochkenntnissen unbelasteten Anfänger). Soweit ein elektrisches Gerät zur Zubereitung benötigt wird, hilft sicher die Mutti oder ein älteres Geschwister, die Technik richtig einzusetzen. Auch das Einstellen des Herdes sollte überwacht werden, denn es ist schon sehr traurig, wenn alle Mühe umsonst war und die Plätzchen schwarz werden.

Beim Abwiegen der Mengen sollte auch ein »Backerfahrener« mithelfen, zumindest beim ersten Mal! Am übersichtlichsten ist es, wenn die einzelnen Zutaten, abgewogen, vorbereitet in kleinen Schälchen oder auf Tellern in der richtigen Reihenfolge auf dem »Backtisch« aufgestellt werden.

»Kinderleichte« Backrezepte finden Sie auch im Kapitel »Schnell gemacht – phantasievoll dekoriert« auf den Seiten 58–62

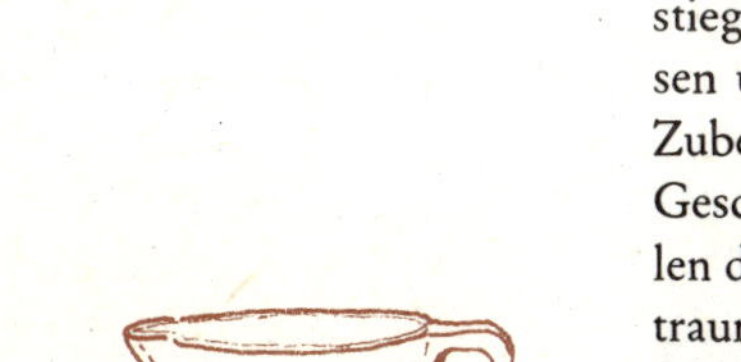

Zuckerbrötchen

ca. 80–100 Stück

Zutaten:
3 große Eier, 500 g Zucker,
½ Teelöffel abgeriebene Zitronenschale,
125 g Butter, 500 g Mehl,
1 Päckchen Backpulver.
Zum Bestreichen: 1–2 Eigelb.
Zum Bestreuen: 50 g farbige Zuckerstreusel.

Arbeitsgeräte:
1 flaches Backblech, 1 Stück Backpapier oder Margarine zum Einfetten, 1 Rührschüssel,
1 Schneebesen oder elektrischer Handrührer,
1 feine Reibe, 1 Backbrett, 1 Wellholz,
Ausstechformen, Backpinsel.

Zuerst mußt Du den Backofen auf 175 Grad vorheizen (wenn Du einen Gasherd hast, bittest Du einen Erwachsenen auf Stufe 2 bis 2½ zu schalten) und das flache Backblech mit Backpapier belegen oder mit Margarine dünn einfetten.
Du klopfst die Eier am Schüsselrand auf und läßt Eigelb und Eiweiß in die Rührschüssel fallen. Dann schüttest Du langsam den Zucker dazu und schlägst mit dem Schneebesen ungefähr 5 Minuten, bis die Masse schaumig ist. (Mit dem elektrischen Handrührer benötigst Du nur ungefähr 2 Minuten.)
Auf einer feinen Reibe reibst Du eine ungespritzte Zitrone ab und gibst sie und die Butter und zum Schluß das Mehl und das Backpulver zum Teig. Nachdem Du alle Zutaten gut miteinander verarbeitet hast, streust Du auf ein Backbrett ein wenig Mehl, legst den Teigklumpen darauf und rollst ihn aus. Sollte das Wellholz am Teig festkleben, so brauchst Du nur etwas Mehl darüberzustäuben, dann geht es leichter.
Der Teig sollte etwas dünner als Dein kleiner Finger sein, dann kannst Du ihn ausstechen. Es gibt verschiedene Förmchen: Sterne, Herzen, Bäumchen, Kleeblätter, Vierecke, Blumen, Kringel, Dreiecke und viele andere Motive.
Wenn Du den ganzen Teig ausgestochen hast, verrührst Du die Eigelb in einem Schüsselchen und bestreichst jedes Plätzchen mit einem Backpinsel mit etwas Eigelb.
Dann streust Du die farbigen Zuckerstreusel darauf und legst die Plätzchen auf das Blech. Die Plätzchen müssen nun ungefähr 10 Minuten backen, das richtet sich nach dem Backofen.
Wenn die Plätzchen fertig sind, kannst Du das Blech mit dicken

Topflappen herausnehmen, mit einem breiten Messer vorsichtig die Plätzchen vom Blech lösen und zum Abkühlen auf ein Kuchengitter legen.

Butter-S

ca. 80–100 Stück

Zutaten:
500 g Mehl, 250 g Butter, 125 g Zucker,
7 Eigelb oder 3 ganze Eier,
etwas Margarine zum Einfetten.
Zum Bestreichen: Eiweiß.
Zum Eintauchen: Hagelzucker,
geschälte, kleingeschnittene Mandeln.

Arbeitsgeräte:
1 große Schüssel oder Rührschüssel,
1 elektrischer Handrührer,
1 flaches Backblech, 1 Backpinsel, Topflappen.

Mit diesem Rezept mußt Du einen Tag früher anfangen, denn der Teig wird über Nacht kühlgestellt.
Du gibst zuerst das Mehl in eine hohe Schüssel oder in eine Rührschüssel. Dann gibst Du die Butter, den Zucker und die Eigelb dazu. (Beim »Eier trennen« hilft Dir sicherlich jemand, der es kann, sonst gibst Du drei ganze Eier hinein.)
Nun mußt Du den elektrischen Handrührer auf die niedrigste Stufe einstellen und rührst so den Teig zusammen. Dann stellst Du den Teig ungefähr 1/2 Stunde in den Kühlschrank, bis er schön kalt ist, teilst ihn in mehrere kleine Stücke und rollst dann mit der flachen Hand aus jedem Stück schnell eine lange, dünne Wurst (so dick wie Dein Finger). Daraus schneidest du fingerlange Stücke, aus denen lauter »S« geformt werden. Diese legst Du auf ein leicht eingefettetes Backblech und stellst sie über Nacht kühl.
Am nächsten Tag rührst Du mit dem Handrührer ein Eiweiß zu steifem Schnee, bepinselst jedes »S« damit und tauchst das Gebäck in Hagelzucker oder Mandeln ein.
Wenn der Backofen 175–200 Grad Wärme anzeigt, kannst Du das Blech einschieben. Nach etwa 20 Minuten, wenn die »S« eine hellgelbe Farbe haben, sind sie fertig. Du nimmst das Blech mit Hilfe von Topflappen heraus und läßt die »S« abkühlen.

Sandspritz-gebäck

ca. 60–70 Stück

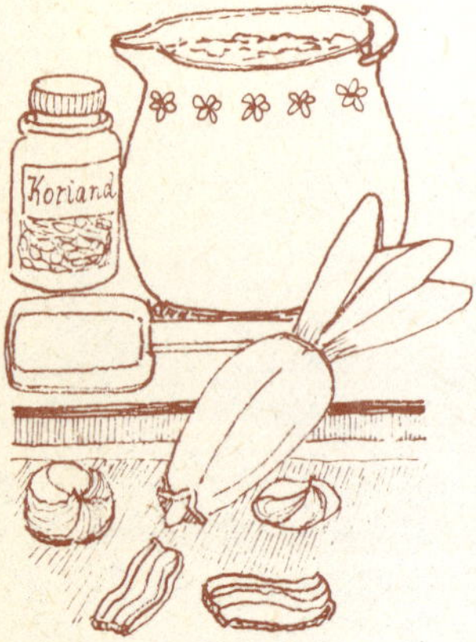

Zutaten:
150 g Butter, 60 g Puderzucker,
1/2 Päckchen Vanillinzucker, 1 Prise Salz,
1 Messerspitze Koriander,
2 Eigelb, 180 g Mehl,
Marmelade zum Bestreichen
oder flüssige Schokolade
zum Eintauchen,
Puderzucker zum Bestäuben.

Arbeitsgerät:
1 kleines Töpfchen, 1 Rührtopf, 1 Mehlsieb,
Rührlöffel oder elektrischer Handrührer, 1 Tasse,
1 Quirl, 1 Spritzsack, Sterntülle, Topfhandschuhe,
Untersatz, 1 gefettetes Backblech,
1 breites Messer, 1 kleines Schüttelsieb.

In einem kleinen Töpfchen zerläßt Du auf kleiner Flamme die Butter, füllst sie in einen Rührtopf, füllst den Puderzucker in ein Mehlsieb und siebst den Zucker zur Butter.
Dann schüttest Du den Vanillinzucker dazu, nimmst zwischen Daumen und Zeigefinger Salz, das ist eine Prise, streust es hinein und den Koriander dazu.
In einer Tasse verquirlst Du die Eigelb und rührst sie darunter.
Nun rührst Du nach und nach immer ein bißchen Mehl dazu, nicht alles auf einmal.
Du füllst den Teig in einen Spritzsack mit Sterntülle, den Du zu einem Drittel umstülpst (so geht das Einfüllen leichter) und klappst dann das Umgestülpte wieder zurück. Nun heizt Du den Herd auf 175–200 Grad vor.
Du nimmst den Spritzsack in beide Hände, wobei die linke Hand den Sack und die rechte Hand den oberen Teil umfaßt.
Jetzt kannst Du verschiedene Formen auf das zuvor gefettete Backblech spritzen, zum Beispiel Streifen, Kringel oder Blümchen. Das Spritzgebäck bäckst Du ca. 20 Minuten, bis es hellgelb ist.
E. Herd 175–200/G. Herd 2–3
Du nimmst das Blech mit Topfhandschuhen heraus, stellst es zum Abkühlen auf einen Untersatz, nimmst vom Blech immer zwei zusammenpassende Formen, bestreichst sie mit Marmelade, setzt sie zusammen oder tauchst sie einzeln in zerlassene Schokolade (die Du im Töpfchen, in dem Du die Butter zerlassen

hast, erwärmen kannst). Zum Schluß bestäubst Du das Gebäck mit Puderzucker und läßt es auf einem Kuchengitter trocknen.

Schoko-Würfel

ca. 40–50 Stück

Zutaten:
125 g Margarine oder Kokosfett, 1 Tafel bittere Schokolade, 6 Eier, 250 g Mehl, 1/2 Päckchen Backpulver, 1 Prise Salz, je 1 Prise gemahlenen Zimt und Kardamom, 200 g gemahlene Nüsse, 100 g Korinthen, 1 Päckchen Vanillinzucker.

Arbeitsgeräte:
Backblech mit hohem Rand, Fett für das Blech oder Backpapier, 1 feuerfeste Form oder 1 Kochtopf, 1 Rührlöffel oder 1 elektrischer Handrührer, 1 Messer.

Zuerst mußt Du ein Backblech mit hohem Rand entweder einfetten oder mit Backpapier auslegen, wobei das Papier auch an den Seiten hochgezogen wird. Dann heizt Du die Backröhre auf 180 Grad vor.
Nun stellst Du eine feuerfeste Form oder einen großen Kochtopf auf die Herdplatte und stellst den Schalter auf schwache Hitze ein. In den Topf gibst Du die Margarine oder das Kokosfett und läßt es zergehen.
Du zerbröckelst die Schokolade und rührst sie mitsamt dem Zucker und den Eiern zu dem Fett. Die Schokolade und der Zukker müssen sich völlig auflösen. Du mußt immerzu rühren, damit das Ei in der Wärme nicht gerinnt, d.h. daß es keine Klümpchen bilden darf wie beim Rührei.
Nun wird der Topf vom Herd genommen, Du stellst ihn auf einen Untersatz und rührst das mit Backpulver vermischte Mehl hinein. Der Teig muß schön glatt sein und keine Klumpen haben – lieber rührst Du etwas länger!
Zum Schluß kommen noch die gemahlenen Nüsse, Rosinen und Vanillinzucker zum Teig und werden gut untergemengt. Nun gießt Du die Masse in das tiefe Backblech, schiebst das Blech auf der mittleren Leiste in den Backofen und läßt es ca. 30 Minuten backen.
E. Herd 180/G. Herd 2–2 1/2
Der Kuchen wird, wenn er noch warm ist, von Dir in kleine Vierecke geschnitten und mit einer Glasur (S. 63) überzogen.

Haselnuß-lebkuchen

ca. 60–70 Stück

Zutaten:
280 g geschälte Haselnüsse,
4 ganze Eier,
350 g feiner Zucker,
1 Päckchen Vanillinzucker,
100 g Mehl,
2 g Hirschhornsalz (Drogerie oder Apotheke),
große Backoblaten,
Zitronenglasur.
Zum Verzieren:
Liebesperlen, Smarties, Gummibärchen, Schokoladenstreusel.

Arbeitsgeräte:
Elektomixer oder Mandelmühle,
1 Rührschüssel,
1 Rührlöffel oder elektrischer Handrührer,
Backblech mit hohem Rand,
1 Teigschaber, 1 Messer,
Topfhandschuhe.

Die Haselnüsse werden mittelfein gehackt, das geht am besten im Elektromixer (nur kurz einschalten) oder in der Mandelmühle mit mittelfeinem Einsatz.
In einer Rührschüssel verrührst Du die Eier mit den Nüssen, läßt nach und nach den Zucker einrieseln, gibst den Vanillinzucker dazu, das Mehl und das Hirschhornsalz. Mit einem elektrischen Handrührer erleichterst Du Dir die Arbeit sehr.
Nun heizt Du den Backherd auf 175 Grad vor, legst das Backblech mit großen Oblaten aus und streichst den Teig mit dem Teigschaber oder einem breiten Messer darauf.
Nach 15 bis 20 Minuten sind die Lebkuchen fertig und Du nimmst das Blech mit Topfhandschuhen aus dem Backofen, stellst es auf einen Untersatz und schneidest die noch warme Lebkuchenmasse in gleichmäßige, nicht zu große Vierecke.
Wenn Du magst, kannst Du noch eine Zitronenglasur, Rezept S. 63, zubereiten und die Haselnußlebkuchen damit überziehen.
Die Lebkuchen sehen lustiger aus, wenn Du in den noch feuchten Guß Liebesperlen oder Smarties oder kleine Gummibärchen oder Schokoladenstreusel leicht eindrückst. Wäre ein so schön verzierter Lebkuchen nicht auch ein feines Geschenk?

Klein und süß

Gefüllte Datteln im Karamelmantel

250 g Datteln, 200 g Pistazien,
150 g Puderzucker, 2 EL Wasser,
ca. 5 Tropfen Bittermandelaroma,
1 Eßlöffel Öl, 250 g feiner Zucker.

Schneiden Sie die Datteln vorsichtig der Länge nach auf, so daß sie noch aneinanderhängen und lösen Sie den Kern heraus. Dann reiben Sie die Pistazien am besten mit Hilfe Ihrer Küchenmaschine fein und verkneten sie mit Puderzucker, Wasser und Aroma. Formen Sie kleine Röllchen, etwa doppelt so groß wie der Dattelkern, und füllen Sie die Masse in die Datteln. Im erhitzten Öl schmelzen Sie den Zucker, lassen ihn leicht karamelisieren und wenden die Datteln darin. Fetten Sie Alufolie oder Pergamentpapier leicht ein und lassen Sie die Datteln darauf erkalten.

Walnußbonbons

1 Eiweiß, 1/2 Eischale Wasser,
Puderzucker, 20 Tropfen Vanille-Essenz,
Kakao oder Kaffeepulver,
halbierte Walnüsse.

Sie schlagen das Eiweiß mit dem Wasser leicht schaumig und fügen löffelweise so viel Puderzucker zu, bis die Masse genügend fest ist, daß sie geformt werden kann. Sie würzen mit der Vanille-Essenz und färben die Hälfte des Zuckerteiges mit Kakao oder Kaffeepulver. Aus der hellen und der dunklen Zuckermasse formen Sie kleine Kugeln, in deren Oberfläche Sie eine Walnußhälfte leicht eindrücken.
Sie können auch einen Teil der Walnußbonbons mit der Punschglasur S. 63 überziehen und so verschiedene Geschmacksrichtungen erzielen.

Marzipan

250 g geschälte, feingeriebene Mandeln,
250 g Puderzucker,
1–2 Eßlöffel Rosenwasser (Apotheke).
Zum Bestreichen:
2 Eßlöffel Hägenmark (Hagebuttenmarmelade)
oder Aprikosenmarmelade.
Schokoladenglasur mit Kuvertüre S. 65

Die Mandeln drehen Sie entweder dreimal durch die Mühle oder mahlen sie im Mixaufsatz der Küchenmaschine auf oberster Stufe. Sie füllen die Mandeln in eine Pfanne mit hohem Rand und erwärmen sie zusammen mit dem gesiebten Zucker und dem Rosenwasser unter stetem Rühren. Nach dem Erkalten verkneten Sie die Masse mit Hilfe von wenig Puderzucker, drücken sie fest zusammen und stellen den Marzipanteig zugedeckt über Nacht kühl.
Sie wellen den Teig ca. 1/2 cm dick aus und stechen entweder mit verschiedenen kleinen Förmchen aus oder schneiden Rhomben oder andere Formen mit dem Messer aus. Zwischen zwei gleiche Formen streichen Sie dünn Marmelade, setzen sie aufeinander, lassen sie in der Wärme trocknen und glasieren sie.
Zierlich ausgestochenes Marzipan eignet sich zur Verzierung von Kleingebäck, Lebkuchen, Torten und anderem mehr.

Variante: Stellen Sie aus dem Marzipanteig kleine Laibe her oder drehen Sie dünne lange Würstchen, die Sie zu kleinen Brezeln oder kleinen Zöpfen formen, legen Sie das Marzipangebäck auf ein Backblech und lassen Sie die Oberfläche unter dem Backofengrill rasch bräunen.

Rumtrüffel

200 g Zartbitterschokolade,
150 g Butter, 2–3 Eßlöffel Rum, 54%,
2 Eßlöffel Kakao, Schokoladenraspel.

Legen Sie die Schokolade in den Kühlschrank, damit sie recht hart wird, und reiben Sie sie fein in die weiche Butter. Sie geben Rum und Kakao dazu und verkneten die Masse leicht miteinander. Sie formen kleine Kugeln und wälzen sie in den Schokoladenstreuseln. Stellen Sie die Trüffeln über Nacht kühl, damit sie fest werden.

Variante: Lassen Sie die Trüffeln einzeln auf einer Platte über Nacht im Kühlschrank hart werden. Dann zerlassen Sie weiße Schokolade, spießen die Trüffeln einzeln auf Zahnstocher und ziehen sie rasch durch die flüssige Schokolade. Sie stecken die Spieße auf große Kartoffeln und lassen sie trocknen – so bekommen sie keine Druckstellen.

Schokoladenwurst

1 Eiweiß, 125 g Zucker,
125 g geschälte, geriebene Mandeln,
65 g geschälte, gewürfelte Mandeln,
250 g Halbbitterschokolade, gerieben,
150 g dickes rotes Johannisbeergelee,
125 g Rohmarzipan, 3 Eßlöffel Puderzucker.

Sie schlagen das Eiweiß zu Schnee und vermischen es mit den anderen Zutaten in einer Rührschüssel. Ein Backbrett bestreuen Sie mit Zucker und formen darauf aus der Schokoladenmasse eine große Wurst oder mehrere kleine Würstchen. Diese umwickeln Sie fest mit Pergamentpapier und lassen sie 1–2 Tage trocknen. Dann entfernen Sie das Papier und umhüllen die Wurst (Würste) mit einer dünn ausgerollten Platte des mit Puderzucker verkneteten Marzipans. Die Wurst (Würstchen) umwickeln Sie mit Zellophanpapier und verschnüren die Enden.

Apfelpaste

1 kg Boskop oder nicht zu süße Äpfel,
150 g feiner Sandzucker.

Die gewaschenen Äpfel befreien Sie von Blüten und Stielen, schneiden sie mit der Schale in Schnitze und kochen sie über Dampf weich. (Zu diesem Zweck füllen Sie die Äpfel in ein Tuch und verknoten die vier Zipfel über dem Topfdeckel.)
Die gekochten Äpfel passieren Sie durch ein Sieb, vermischen sie mit Zucker und dicken sie unter Rühren so lange ein, bis die Masse nicht mehr vom Löffel läuft. Sie fetten ein Backblech mit Wachs, füllen die Paste ein, streichen sie glatt und lassen sie trocknen. Dann schneiden Sie die Apfelpaste in kleine Vierecke und bewahren sie in gut verschließbaren Gefäßen oder Vakuumblechdosen auf.

Quittenpaste

1 kg reife Quitten (sie müssen »quittengelb« sein),
500–750 g Zucker.
Glasur: Eiweiß-Glasur, S. 64 oder grobkörniger Kristallzucker.

Sie kochen die reifen Quitten in wenig Wasser weich, schälen sie und passieren sie durch ein Sieb oder reiben sie auf dem groben Reibeisen. Zu 500 g Quittenmark müssen Sie 500 g Zucker geben und solange kochen, bis die Masse dickbreiig ist. Sie fetten ein tiefes Backblech mit Wachs ein, streichen die Paste auf und lassen sie 1–2 Tage trocknen.

Dann schneiden Sie die Quittenpaste entweder in kleine Quadrate oder stechen kleine Förmchen aus, wälzen sie in grobkörnigem Zucker oder überziehen sie mit einer Zitronenglasur (S. 63).

Wenn Sie die Farbe der Quittenpaste intensivieren wollen, so können Sie die noch heiße Quittenmasse mit etwas dickem rotem Gelee nachfärben.

Mokkabohnen

50 g Butter,
250 g Puderzucker,
2 Eßlöffel Kakao,
2 Eßlöffel süße Sahne,
20 g gemahlene Kaffeebohnen.

Sie zerlassen die Butter und vermengen sie gut mit allen angegebenen Zutaten. Die Kaffeebohnen sollten Sie möglichst mehlfein mahlen, damit sich der Kaffeegeschmack voll entfalten kann. Aus der Crememasse formen Sie kleine Kügelchen und versehen sie auf der Oberfläche mit einem schmalen Einschnitt. Lassen Sie die Mokkabohnen über Nacht trocknen. Am besten werden sie in Schraubgläsern oder Blechdosen aufbewahrt.

Wir bitten zum Adventskaffee

Adventskuchen, gehaltvolle Torten, Weihnachtsstollen, Früchtebrote

Gewürzkuchen

150 g Butter oder Margarine,
150 g Zucker, 3 Eier, 100 g Mehl,
50 g Mondamin, 2 Teelöffel Backpulver,
1 Teelöffel Zimt, 1/2 TL gemahlene Nelken,
je 1 Prise Ingwerpulver und Piment,
je 1 Prise Muskat und Salz,
100 g geriebene Zartbitterschokolade,
80 g geschälte grobgehackte Mandeln oder Haselnüsse,
je 30 g gewürfeltes Zitronat und Orangeat,
Punschglasur S. 63

Bereiten Sie nach dem Grundrezept S. 67 einen Rührteig zu, unter den Sie zuletzt die Schokoladenreibsel, Mandeln oder Nüsse und das Zitronat und Orangeat mischen. Sie fetten eine Kastenform, füllen den Teig ein, streichen ihn glatt und backen den Kuchen im vorgeheizten Backofen ca. 60 Minuten.
E. Herd 175–200/G. Herd 2–3
Nach dem Backen stürzen Sie den Kuchen vorsichtig, lassen ihn auskühlen und schlagen ihn in Alufolie ein. Sie bewahren ihn einen Tag im Kühlschrank auf und glasieren ihn erst dann – so entfalten die Gewürze ihr volles Aroma.

Punschtorte

9 Eigelb, 250 g Zucker,
abgeriebene Schale und Saft von einer kleinen Zitrone,
80 g Mondamin, 80 g Mehl,
6 Eiweiß, 1/4 l herber Weißwein,
4 Eßlöffel Zucker, 2–3 Eßlöffel Rum,
Aprikosenmarmelade.
Glasur:
125 g Puderzucker, 3 EL Arrak,
kandierte Früchte.

Verrühren Sie Eigelb und Zucker ca. 3 Minuten mit dem elektrischen Handrührer, fügen Sie Zitronenschale und -saft, löffelweise Mondamin und Mehl und zuletzt die zu steifem Schnee geschlagenen Eiweiß dazu. Die Masse füllen Sie in eine gefettete Springform, streichen sie glatt und backen sie ca. 60–70 Minuten im vorgeheizten Backofen.
E. Herd 175–200/G. Herd 2–3
Sie lassen die Torte erkalten, schneiden sie einmal quer durch und tränken den Boden mit der Hälfte eines Gemischs aus Weißwein, Zucker und Rum, das Sie noch kurz erhitzen. Dann streichen Sie Aprikosenmarmelade darüber, decken die andere Tortenhälfte darauf und träufeln den restlichen Punsch darüber. Wenn der Punsch angetrocknet ist, überziehen Sie die Torte mit der Arrakglasur und verzieren sie mit kandierten Früchten.

Anisbrot

ca. 3 Laibchen

170 g Zucker, 3 Eier,
abgeriebene Schale einer ungespritzten Zitrone,
1 Eßlöffel Anispulver, 170 g Mehl,
1 Ei zum Bestreichen.

Verrühren Sie die Zutaten gut miteinander, teilen Sie den Teig und formen Sie kleine Laibe. Diese bestreichen Sie mit dem verquirlten Ei, legen sie auf ein bemehltes Blech und backen sie bei mittlerer Hitze. Wenn das Anisbrot hellbraun ist, nehmen Sie es heraus, lassen es abkühlen, schneiden es in Scheiben auf und toasten diese leicht.
E. Herd 175–200/G. Herd 2–3

Früchtebrot
Hutzelbrot
Schnitzbrot
Kletzenbrot

500 g getrocknete Birnenschnitze,
500 g getrocknete Zwetschgen,
500 g getrocknete Feigen,
1 Würfel Hefe, 1/8–1/4 l Schnitzbrühe,
125 g Zucker, 500 g Mehl,
je 1 Teelöffel Salz, Anis, Fenchel, Zimt,
1 Prise gemahlene Nelken,
250 g Sultaninen, 250 g Korinthen,
300 g Walnußkerne, 200 g Haselnußkerne,
je 50 g Zitronat und Orangeat,
2 Eßlöffel Kirsch- oder Zwetschgenwasser.
Glasur: 1/4 l Schnitzbrühe,
1 Eßlöffel Mondamin, 2–4 Eßlöffel Zucker.
Nußkerne, Mandeln, kandierte Früchte.

Weichen Sie das Dörrobst über Nacht ein und kochen Sie am nächsten Tag im Einweichwasser die Birnenschnitze (Schnitzbrühe); sie dürfen noch einen Biß haben. Dann übergießen Sie die entsteinten Zwetschgen und die streifig geschnittenen Feigen mit der heißen Schnitzbrühe und lassen das Obst abkühlen.
Inzwischen lösen Sie die Hefe in lauwarmer Schnitzbrühe auf und kneten aus Zucker, Mehl, Salz und den Gewürzen nach dem Grundrezept S. 66 einen festen Hefeteig. Nach und nach mischen Sie die verlesenen Sultaninen, Korinthen, die grobgehackten Nüsse, Zitronat und Orangeat und zuletzt die abgetropften, kleingeschnittenen Früchte und das Kirschwasser dazu. Sie bestäuben den Teig mit Mehl und lassen ihn so lange in der Wärme gehen, bis sich Risse im Mehl zeigen. Dann formen Sie nicht zu große Laibe und backen diese auf gefettetem Backblech im vorgeheizten Backofen ca. 60 Minuten.
E. Herd 175–200/G. Herd 2–3
Zur Glasur kochen Sie die Schnitzbrühe, das kalt angerührte Mondamin und den Zucker auf und überziehen damit die noch warmen Früchtebrote. Die feuchte Oberfläche verzieren Sie mit Nußkernen, Mandeln oder kandierten Früchten.
Früchtebrot kann auf Vorrat gebacken werden und schmeckt besonders in der Vorweihnachtszeit, mit frischer Butter bestrichen, »himmlisch«.

Feines Früchtebrot

Je 70 g Feigen, Zwetschgen, Haselnußkerne und Pinienkerne, 40 g kandierte Orangenschalen,
2 Eier, getrennt, 140 g Zucker, 2 Eßlöffel Rum,
40 g Mondamin, 70 g Mehl, Backfett.
Fülle: 2 Eigelb, 1/10 l Milch,
60 g Butter, 40 g Zucker.
Glasur: 2 Eiweiß,
250 g Puderzucker, 1–2 Eßlöffel Arrak.

Zerkleinern Sie die Früchte und Nußkerne und befeuchten Sie die Feigenstückchen mit 1 Eßlöffel Rum. Sodann verrühren Sie die Eigelb mit der Hälfte des Zuckers und dem restlichen Rum und ziehen das Stärkemehl und Eiweiß darunter. Fügen Sie nun die mit dem übrigen Zucker vermischten Früchte und das Mehl hinzu. Kneten Sie den Teig gut durch und drücken Sie ihn auf einem gefetteten Backblech flach. Backen Sie das Früchtebrot nicht zu heiß hellbraun aus.
E. Herd 175–200/G. Herd 2–3
Für die Fülle rühren Sie im Wasserbad die Eigelb mit der Milch zu einer dicken Creme, lassen sie abkühlen und rühren dann die mit dem Zucker schaumig geschlagene Butter hinein.
Nun schlagen Sie das Eiweiß schaumig, rühren Zucker und Arrak zusammen und geben den Eischaum allmählich dazu, so daß eine weiße Glasur entsteht. Das noch warme Früchtebrot schneiden Sie in Quadrate, geben Fülle zwischen je zwei Vierecke und überziehen das Gebäck mit Arrakglasur.

Skandinavischer Adventszopf

1 Würfel Hefe oder 1 Päckchen Trockenbackhefe,
1/8–1/4 l saure Sahne, 50 g Zucker, 500 g Mehl, 100 g Butter,
1 Eßlöffel weißer Rum, 5 g Safran, 1/2 Teelöffel Salz,
1–2 Eier, 50 g Rosinen, 50 g Mandeln, gewürfelt.
Eigelb, Mandelblättchen.

Aus den angegebenen Zutaten bereiten Sie nach dem Grundrezept S. 66 einen Hefeteig. Wenn der Teig gut gegangen ist, rollen Sie drei gleichmäßig dicke Würste, die Sie zu einem geraden oder

---

Gewürzherzen – schnell gemacht und phantasievoll dekoriert (Seite 58). ►

rund geformten Zopf verarbeiten. Diesen lassen Sie auf dem gefetteten Backblech nochmals ca. 30 Minuten gehen, bestreichen ihn mit Eigelb und bestreuen ihn mit Mandelblättchen. Im vorgeheizten Backofen backen Sie den Zopf ca. 40 Minuten (Stäbchenprobe).
E. Herd 200/G. Herd 3
Um dem Zopf ein besonders festliches Aussehen zu geben, können Sie kleine Kerzen mit Alufolie umwickeln und leicht in die Oberfläche drücken.

Baumkuchen

250 g Butter, 250 g Zucker,
7 Eier, 250 g Mondamin,
1 Päckchen Vanillinzucker,
abgeriebene Schale einer ungespritzten Zitrone.
Glasur: 200 g Puderzucker,
2–3 Eßlöffel Zitronensaft,
oder Schokoladenglasur, S. 65

Stellen Sie den Rührteig nach dem Grundrezept S. 67 her, dann fetten Sie eine Kastenform und verstreichen eine dünne Teigschicht (knapp 1/2 cm) gleichmäßig auf deren Boden. Sie schieben die Kastenform direkt unter den vorgeheizten Grill und backen den Teig in 1–2 Minuten. Dann nehmen Sie die Form heraus, streichen die nächste Teigschicht auf und backen wiederum 1–2 Minuten. so verfahren Sie, bis der Teig verbraucht ist.
Den noch warmen Kuchen können Sie nun dick mit Zitronenglasur oder den erkalteten Kuchen mit Schokoladenglasur überziehen.
Sie können den Baumkuchen auch in einer Guglhupfform (Napfkuchen) backen, den fertigen Kuchen in kleine Stückchen schneiden, diese mit Schokoladenglasur überziehen und in einer Blechdose ca. 8 Tage aufbewahren.
Backofengrill oder großer Tischgrill: Obere Schiebeleiste.

◀ Den Gewürzkuchen mit Früchten und Nüssen (Seite 60) können Sie in der Kasten- oder in der Springform backen.

Sächsischer Christstollen

1 kg Mehl, 2 Würfel oder 2 Päckchen Hefe,
3/8–1/2 l Milch, 200 g Zucker,
300 g Butter, 1 Teelöffel Salz,
abgeriebene Schale von 1/2 Zitrone,
1 Teelöffel Arrak oder Rum,
250 g Sultaninen, 250 g Korinthen,
125 g geschälte, geriebene Mandeln,
einige feingewiegte bittere Mandeln,
100 g feingewiegtes Zitronat.
Zum Bestreichen: 50 g Butter, Puderzucker.

Am Abend, bevor Sie backen möchten, lösen Sie die Hefe mit 1/8 l lauwarmer Milch auf und fügen soviel Mehl zu, bis ein weicher Teig entsteht. Dann decken Sie den Vorteig zu und stellen ihn warm. Am nächsten Tag mischen Sie ihn mit den übrigen erwärmten Zutaten und kneten einen festen Teig daraus.
Oder Sie verarbeiten 1/3 Quantum Mehl, 1/8 l lauwarme Milch und die aufgelöste Hefe zu einem Vorteig und stellen diesen in die Wärme. Wenn der Teig gut gegangen ist, das dürfte nach etwa 2 Stunden soweit sein, mengen Sie das übrige Mehl, den Zucker, die erwärmte Butter, Salz, Zitronenreibsel und Arrak unter und fügen, falls nötig, noch etwas warme Milch zu. Sie müssen den Teig sehr gut durcharbeiten – so lange, bis er sich von der Schüssel löst. Dann erst fügen Sie die verlesenen Sultaninen, Korinthen, das Zitronat und die Mandeln dazu.
Nun decken Sie den Teig zu und lassen ihn zur doppelten Größe aufgehen. Auf einem bemehlten Backbrett formen Sie einen länglichen, flachen Laib, drücken mit dem Wellholz in der Mitte eine tiefe Rille ein und schlagen dann die eine Hälfte über die andere, jedoch so, daß der untere Teil etwa zu 1/3 übersteht.
Den Stollen legen Sie auf ein buttergefettetes Blech und lassen ihn noch einmal eine halbe Stunde gehen. Dann bestreichen Sie ihn mit Butter und backen ihn im vorgeheizten Backofen ca. 60 bis 75 Minuten.
E. Herd 200–225/G. Herd 3–4
Den heißen Stollen überpinseln Sie mehrmals mit zerlassener Butter und bestreuen ihn dick mit Puderzucker.

Tip: Den Stollen (oder die Stollen!) sollten Sie etwa 2 Wochen vor Weihnachten backen, dann haben Sie noch die nötige Ruhe dazu; außerdem schmeckt ein gelagerter Stollen besser – falls bis Weihnachten noch etwas übrig ist.

Thüringer Weihnachtsstollen

ca. 5 bis 6 Stollen (verschenken Sie ruhig einen zu Weihnachten an gute Freunde!)

5 Würfel Hefe (à ca. 25 g) oder 5 Päckchen Trockenbackhefe,
3/8 l Milch, 500 g Zucker, 2,5 kg Mehl, 750 g Butter,
500 g Mandeln, gestiftelt,
300 g Zitronat, 1 Teelöffel Salz,
500 g in Rum getränkte Sultaninen.
Butter zum Bestreichen.
Puder- und Sandzucker zum Bestreuen.

Achten Sie bitte darauf, daß Ihre Würfelhefe frisch ist und sich leicht zerbröckeln läßt und daß alle Zutaten gleichmäßig lauwarm sind. Aus der Hefe, der lauwarmen Milch, 10 Teelöffeln Zucker und 10 Teelöffeln Mehl rühren Sie einen Vorteig, den Sie in einer Schüssel an einem warmen Ort, zum Beispiel auf der aufgeklappten Backofentüre (Backofen 50 Grad) gehen lassen.

Bestäuben Sie den Vorteig mit Mehl – wenn die Decke aufreißt, ist der Teig genügend gegangen. (Verwendung von Trockenbackhefe nach Anleitung auf dem Päckchen).
Auf ein großes Backbrett (oder auf den sauberen Küchentisch) schütten Sie das Mehl und verarbeiten es mit dem Vorteig. Dann kneten Sie die übrigen Zutaten hinein und ganz zum Schluß die Sultaninen. Der Teig darf nicht zu weich sein, Sie müssen so lange kneten, bis er Blasen zeigt, in Thüringen sagt man: bis er »pfupfert«. Zu Hause wurde immer der Vater zum Kneten herangezogen – das war sein Beitrag zur Weihnachtsbäckerei!

Nun formen Sie nicht zu große Stollen, legen sie auf gefettete Backbleche und lassen sie noch ca. 1 bis 1½ Stunden gehen, wobei Sie die Stollen mit etwas Mehl überstäuben und mit einem Tuch zudecken. Der Ort zum Gehen muß warm und zugfrei sein.

Sie heizen den Backofen vor und backen die Stollen einzeln hintereinander je ca. 1 Stunde.

E. Herd 175–200/G. Herd 2–3

Damit die Sultaninen nicht schwarz werden, decken Sie evtl. vor Ende der Backzeit den Stollen mit Alufolie ab. Den noch warmen Stollen bestreichen sie mit flüssiger Butter und bestreuen ihn mit Sand- und Puderzucker. Diesen Vorgang wiederholen Sie einige Male, damit der Stollen eine schöne Kruste bekommt.
Sie sollten Weihnachtsstollen mindestens ein bis zwei Wochen vor dem Fest backen und sie in Zellophanpapier eingewickelt an einem kühlen Ort aufbewahren, damit sich das Aroma voll entfalten kann.

Striezel

1 Würfel oder 1 Päckchen Hefe,
1/8 l Milch, 50 g Zucker, 375 g Mehl,
50 g Butter/Margarine,
1/2 Teelöffel Salz, 1 Ei,
abgeriebene Schale von 1/2 Zitrone.
Zum Einwellen: 100 g Butter/Margarine.
Zum Bestreichen: 20 g Butter/Margarine.
Füllung: 60 g gemahlene Mandeln,
etwas Bittermandelöl,
40 g Zucker, etwas Zimt,
abgeriebene Schale von 1/2 Zitrone,
40 g kleingewürfeltes Zitronat,
60 g Korinthen.
Glasur: 60 g Puderzucker,
1/2 Päckchen Vanillinzucker,
1–2 Eßlöffel Wasser.

Zunächst bereiten Sie einen Hefeteig nach Grundrezept, S. 66 zu. Nach dem Aufgehen geben Sie den Teig auf ein bemehltes Backbrett, schlagen ihn rundum ein und lassen ihn kurze Zeit an einem kühlen Ort ruhen. Dann wellen Sie den Teig aus, arbeiten die Butter oder Margarine ein, indem Sie sie etwas breitdrücken und drei- bis viermal auswellen. Zwischendurch legen Sie den Teig immer wieder klein zusammen und lassen ihn kurz ruhen. Nach dieser Prozedur muß der Hefeblätterteig nochmals an der Wärme gehen.
Danach rollen Sie den Teig zu einer Platte, ca. 30 × 40 cm, aus und bestreichen ihn mit zerlassener Butter oder Margarine.
Für die Füllung mischen Sie die Zutaten gut miteinander und verteilen sie auf der Teigplatte. Sie rollen den Striezel von der breiten Seite auf und legen ihn auf ein gefettetes Backblech.
Sie schneiden den Stollen der Länge nach dreimal ein, damit der Teig beim Backen in die Breite gehen kann. Im vorgeheizten Backofen bäckt der Striezel nun 30–40 Minuten, dann glasieren Sie ihn noch warm.
E. Herd 200–225/G. Herd 3–4

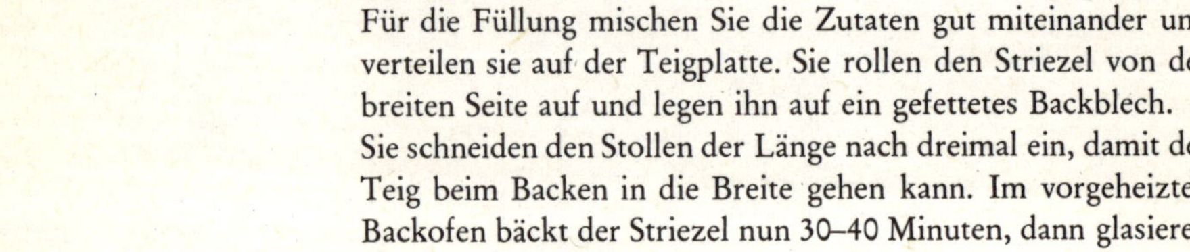

Mohnstollen

2 Würfel oder 2 Päckchen Hefe,
1/4–1/2 l Milch, 200 g Zucker,
1 kg Mehl, 200 g Butter,
2 Eier, 1 Teelöffel Salz.
Füllung: 500 g gemahlener Mohn,
250 g Zucker, 1/4 l Milch,
125 g Butter, etwas Zimt,
je 125 g Zitronat, Sultaninen und gehackte Nüsse,
etwas Bittermandelöl, 2 Eier.
Glasur: 250 g Puderzucker,
3 Eßlöffel Arrak oder Rum,
2 Eßlöffel Zitronensaft.

Nach dem Grundrezept S. 66 bereiten Sie einen nicht zu festen Hefeteig zu und lassen ihn gehen. Inzwischen lösen Sie für die Füllung den Zucker in kochender Milch auf und überbrühen damit den Mohn. Sie zerlassen die Butter und mischen sie heiß unter den Mohn. Dann fügen Sie die übrigen Zutaten bei und vermischen alles zu einer geschmeidigen Masse.
Nachdem der Hefeteig gut gegangen ist, wellen Sie ihn ca. 1/2 cm dick zu einem Rechteck aus und bestreichen ihn mit etwas Milch. Sie verteilen die Mohnfüllung gleichmäßig darauf und rollen von der breiten Seite her auf. Sodann formen Sie ein Hufeisen, legen es auf ein gefettetes Backblech und lassen es nochmals gehen. Die Teigenden des Mohnstollens müssen Sie nach unten schlagen, damit der Mohn nicht herausquellen kann. Im vorgeheizten Backofen ca. 60 Minuten backen und noch warm glasieren.
E. Herd 200–225/G. Herd 3–4

Schnell gemacht – phantasievoll dekoriert

Die schönste Backzeit heißt Advent! Meist ist es aber so, daß die Zeit für all das, was man tun möchte, viel zu knapp ist. Es wäre schade, wenn Sie deshalb auf liebevoll gemachtes Familiengebäck verzichten müßten. Deshalb empfehlen wir hier ein paar gute Rezepte aus Backmischungen*. Die Haupt-Vorbereitungen sind dabei schon getan – Sie können gleich anfangen.

Gewürzherzen

(Farbtafel auf Seite 51)

1 Stück Backpapier,
1 Paket Backmischung »Gewürzkuchen« (Kraft),
125 g Margarine oder Butter,
2 Eier, 125 ccm (1/8 l) Wasser.
Zum Verzieren: Walnußkerne, kandierte Früchte, bunte Zuckerstreusel.

Verwenden Sie Backformen in Herzform, ca. 10 cm lang, von der Spitze bis zur oberen Wölbung gemessen. Sie können so aus einer Packung Gewürzkuchen ca. 5–6 Herzen backen. Die Formen fetten Sie gut ein und setzen sie auf ein mit Backpapier ausgelegtes Backblech. Während Ihr Herd vorheizt, rühren Sie den Teig nach Anweisung auf der Packung. Sie füllen dann die Herzformen zur Hälfte mit Teig, das sind ca. 2 1/2 Eßlöffel pro Form. Sie backen die Herzen ca. 35–40 Minuten.
E. Herd 175/G. Herd 2–2 1/2
Wenn die Herzen ausgekühlt sind, lösen Sie sie aus den Formen und bestreichen sie mit der angerührten Glasurmischung aus dem Paket. Beim Verzieren sind Ihrer Phantasie keine Grenzen gesetzt und – falls Sie Kinder haben, nehmen sie Ihnen diese »Arbeit« sicherlich mit Freuden ab!

---

* Da nicht alle Backmischungen verschiedener Fabrikate den gleichen Inhalt haben, ist bei einigen Rezepten, damit nichts mißlingt, der Hersteller der Backmischung, nämlich Kraft, angegeben. Der Kraft-Küchen-Service hat diese Rezepte ausprobiert.

Gewürztaler

(Farbtafel Seite 18)

1 Stück Backpapier, 200 g Butter,
1 Packung Backmischung »Gewürzkuchen« (Kraft),
2 Eigelb.

Zunächst legen Sie das Backblech mit Backpapier aus und heizen Ihren Backofen vor. Die weiche Butter rühren Sie gut durch und geben die Backmischung und die Eigelb dazu. Sie rühren mit dem elektrischen Handrührer einen festen Teig und formen daraus 2 Rollen (ca. 3 cm Durchmesser). Diese schneiden Sie in ca. 1/2 cm dicke Scheiben auf und legen sie auf das Backblech. Sie backen die Plätzchen auf der mittleren Schiebeleiste in etwa 15 Minuten.
E. Herd 200/G. Herd 3–4
Zum Auskühlen legen Sie die Plätzchen auf ein Kuchengitter. Dann rühren Sie die Rumglasur aus dem Paket dickflüssig an und füllen diese in eine Spritztüte. (Sie können sich auch mit einem Stück Pergamentpapier behelfen, das Sie zu einer Tüte drehen, an deren Spitze eine kleine Öffnung ist.)
Nun können Sie verschiedene weihnachtliche Motive auf die Plätzchen spritzen: Weihnachtsbaum, Glocke, Stern, Schlitten, Schneemann, Mondsichel, Herzen, Kerze, Krippe, Engel usw.

Nikolaus oder Hefemann (Stutenkerl)

1 Paket Backmischung Hefekuchen,
125 ccm lauwarmes Wasser (1/8 l), 1 Ei,
1 Teelöffel Zucker,
Zum Bestreichen: 1 Eigelb.
Zum Verzieren: gehackte Mandeln, Rosinen.

Sie bereiten den Hefeteig nach Anleitung auf der Packung zu und lassen ihn gehen. Den aufgegangenen Teig teilen Sie in zwei Teile; aus dem einen Teigstück formen Sie ein längliches, oben abgerundetes Dreieck und rollen es aus – das gibt den »Körper« des Nikolaus. Aus dem übrigen Teig formen sie den Kopf mit Mütze, den Rucksack, einen Arm sowie zwei Schuhe und setzen die Teile entsprechend an das große Teigstück an. Dann lassen Sie den Nikolaus noch einmal gehen und bestreichen ihn mit verquirltem Eigelb und bestreuen ihn mit gehackten Mandeln. Mit Rosinen markieren Sie die Augen, den Mund und die Knöpfe am Nikolausgewand. Den Hefemann backen Sie nun im vorgeheizten Backofen ca. 20 bis 25 Minuten.
E. Herd 200–225/G. Herd 3–4

Gewürzkuchen mit Früchten und Nüssen

(Farbtafel Seite 52)

1 Paket Backmischung »Gewürzkuchen« (Kraft),
150 g Butter oder Margarine, 3 Eier,
100 ccm (1/10 l) Wasser, 200 g Walnußkerne, grob gehackt,
100 g Rosinen, 50 g Zitronat.
Zum Garnieren: halbe Walnußkerne,
große Rosinen ohne Kerne, kandierte Früchte.

Sie fetten eine Kastenform gut ein. Die Rosinen waschen Sie und tupfen sie dann trocken. Dann heizen Sie den Backofen vor.
E. Herd 175/G. Herd 2–2 1/2
Aus der Backmischung, Butter, Eiern und Wasser rühren Sie mit dem Schneebesen des Handrührers den Gewürzkuchenteig. Die Nußkerne, Rosinen und Zitronat rühren Sie zum Schluß mit dem Rührlöffel von Hand ein. Sie füllen den Teig in die Form, streichen ihn glatt und backen ihn in 60–70 Minuten.
Wenn der Kuchen etwas abgekühlt ist, nehmen Sie ihn aus der Form, damit er dann völlig auskühlen kann. In Alufolie gepackt lassen Sie ihn 1 bis 2 Tage im Kühlschrank durchziehen. Dann ziehen Sie die Rumglasur aus dem Paket darüber und garnieren den Kuchen mit halbierten Walnußkernen.

Tip: Sie können den Gewürzkuchen auch in einer Springform backen (26 cm Ø). Nach dem Auskühlen rühren Sie die Rumglasur aus dem Paket dickflüssig und verteilen sie in der Mitte der Kuchenoberfläche. Ringsum bleibt ein freier Rand, der mit den halben Walnußkernen verziert wird. Zum »Festkleben« verwenden Sie etwas Rumglasur.

Gerührter Adventskuchen

1 Paket Backmischung »Rührkuchen« (Kraft),
125 g Margarine oder Butter, 3 Eier, 75 ccm Wasser.
Belag: 100 g Walnußkerne, 1 Eßlöffel brauner Zucker,
etwas gemahlener Zimt, 1–2 Eßlöffel Honig.

Sie rühren den Teig nach Anleitung, geben ihn in eine gefettete Springform (26 cm Ø) und streichen ihn glatt. Sie bestreuen den Kuchen mit grob gehackten Walnüssen, braunem Zucker und Zimt und lassen den Honig mittels eines Löffels dünn über den Teig laufen. Im vorgeheizten Backofen braucht der Kuchen etwa 45 bis 50 Minuten, bis die Oberfläche schön gebräunt ist.
E. Herd 175/G. Herd 2 1/2

Honigkuchen mit Ingwer-stückchen

1 Paket Backmischung »Rührkuchen« (Kraft),
125 g Margarine oder Butter, 3 Eier, 75 ccm Wasser,
1 Teelöffel gemahlener Zimt,
1 Teelöffel gemahlene Nelken,
1 Teelöffel Muskatblüte,
100 g kandierter Ingwer, 3 Eßlöffel Bienenhonig.
Glasur: 200 g Puderzucker,
3 Eßlöffel Rum oder Kirschwasser.

Sie rühren den Teig nach Anleitung und geben zum Schluß die Gewürze, den sehr fein gewürfelten Ingwer und den Honig dazu. Sie füllen die Teigmasse entweder in eine Kastenform (25 cm) oder in eine kupferne Sonnenform, die gut eingefettet sein muß. Streichen Sie den Teig glatt und backen Sie den Kuchen im vorgeheizten Backofen ca. 55–60 Minuten.
E. Herd 175/G. Herd 2–2½
Lassen Sie den Kuchen in der Form etwas abkühlen, stürzen Sie ihn vorsichtig und glasieren Sie ihn, nachdem er vollständig abgekühlt ist. Zur Glasur verrühren Sie den Puderzucker mit dem Rum oder Kirschwasser und verstreichen die Masse mit einem breiten Messer auf dem Kuchen.

Weihnachts-Teekuchen

1 Paket Backmischung »Haselnußkuchen«,
100 g Margarine oder Butter,
2 Eier, 75 ccm kaltes Wasser,
2 Eßlöffel Rum, 50 g Orangeat, gewürfelt,
100 g Zartbitterschokolade, grob geraspelt.
Zur Verzierung: Marzipan (Seite 44).

Den Haselnußkuchenteig rühren Sie nach Anleitung und heben zum Schluß den Rum, das Orangeat und die Schokoraspeln darunter. Sie füllen die Teigmasse in eine gefettete Kastenform (ca. 25 cm lang), streichen den Kuchen glatt und backen ihn im vorgeheizten Backofen ca. 50 bis 60 Minuten.
E. Herd 175/G. Herd 2–2½
Nach kurzer Abkühlungszeit stürzen Sie den Kuchen vorsichtig und überziehen ihn mit der Zimtglasur aus der Packung.
Zur Verzierung stechen Sie aus Marzipan kleine Sternchen und Herzen aus und kleben sie mit der Glasur fest.

Englischer Früchtekuchen mit Whiskyglasur

1 Paket Backmischung »Mandelkuchen«,
150 g Margarine oder Butter, 2 Eier,
2 Eßlöffel kaltes Wasser, 300 g Orangeat und Zitronat,
50 g kandierter Ingwer, 50 g Walnußkerne, gehackt,
je 1/2 Teelöffel gemahlener Zimt und gemahlene Nelken.
Glasur: 200 g Puderzucker, 2 bis 3 Eßlöffel Whisky.

Zunächst heizen Sie den Elektroherd vor und fetten eine ca. 25 cm lange Kastenform ein. Dann geben Sie den Mandelkuchenteig in eine Rührschüssel und rühren ihn mit der Margarine, den Eiern und dem Wasser cremig.
Das gewürfelte Orangeat und Zitronat, den kleingeschnittenen Ingwer, die gehackten Nüsse, Zimt und Nelken fügen Sie anschließend dem Teig zu. Wenn Sie alles gut miteinander verrührt haben, füllen sie den Teig in die Kastenform, streichen ihn glatt und backen ihn in ca. 70–80 Minuten (Stäbchenprobe).
E. Herd 175/G. Herd 2–2 1/2
Sie lassen den Früchtekuchen etwas abkühlen und nehmen ihn vorsichtig aus der Form. Den gesiebten Puderzucker verrühren Sie gut mit dem Whisky und verteilen die Glasur mit einem breiten Messer auf dem Kuchen. Schlagen sie den Kuchen in Alufolie ein und schneiden Sie ihn erst einen Tag nach dem Backen auf – so entfaltet er sein volles Aroma.

Schokoladen-Nuß-Ring

1 Paket Backmischung »Haselnußkuchen«,
100 g Margarine oder Butter, 2 Eier, 75 ccm Wasser,
4 Eßlöffel Schokoladenstreusel.

Zum Backen benötigen Sie eine Kranzform, ca. 24 cm im Durchmesser, die Sie gut einfetten. Sie rühren den Haselnußkuchenteig nach Anleitung und heben die Schokoladenstreusel darunter. Sie füllen den Teig in die Kranzform, streichen ihn glatt und backen ihn im vorgeheizten Backofen 50 bis 60 Minuten.
E. Herd 175/G. Herd 2–2 1/2
Bevor Sie den Kuchen auf ein Kuchengitter stürzen, lassen Sie ihn etwas abkühlen.

Tip: Zum Schokoladen-Nuß-Ring sollten Sie einmal Zimt-Sahne servieren: Sie schlagen 1/4 l Sahne ohne Zucker ganz steif und ziehen dann 1 Eßlöffel Puderzucker, 1/2 Teelöffel gemahlenen Zimt und 1 Messerspitze geriebene Muskatnuß darunter.

Glasuren und Grundrezepte

Puderzuckerglasur mit Variationen

200 g Puderzucker,
1–2 Eßlöffel heißes Wasser.

Sie sieben den Puderzucker, verrühren ihn glatt mit der Flüssigkeit und verstreichen ihn mit einem breiten Messer auf dem noch warmen Gebäck.

Zitronenglasur	200 g Puderzucker und 2–3 Eßlöffel Zitronensaft
Orangenglasur	200 g Puderzucker und 2–3 Eßlöffel Orangensaft
Arrakglasur	200 g Puderzucker und 2–3 Eßlöffel Arrak
Punschglasur	200 g Puderzucker und 2–3 Eßlöffel Rum
Eierlikörglasur	200 g Puderzucker und 2–3 Eßlöffel Eierlikör
Whisky-Glasur	200 g Puderzucker und 2–3 Eßlöffel Whisky

Vanilleglasur mit Arrak

200 g Puderzucker,
1 Päckchen Vanillinzucker
(oder 1 Päckchen Vanillezucker aus dem Reformhaus),
2 Eßlöffel Arrak,
2 Eßlöffel heißes Wasser.

Sie rühren den gesiebten Puderzucker so lange mit Vanillezukker, Arrak und heißem Wasser, bis die Glasur dickflüssig ist.

Spritzglasur

150 g Puderzucker,
1 Eiweiß,
1 Eßlöffel Zitronensaft.

Sie rühren den gesiebten Puderzucker mit Eiweiß und Zitronensaft glatt, am besten und schnellsten mit dem elektrischen Handrührer. Die Glasur füllen Sie in einen Spritzbeutel und spritzen beliebige Muster auf das Gebäck.
Wenn Sie die Spritzglasur färben wollen, können Sie anstelle von Zitronensaft Himbeer- oder Erdbeersirup oder farbige Liköre verwenden.

Schokoladenspritzglasur

150 g Puderzucker,
1 Eiweiß,
1 Eßlöffel Zitronensaft,
60 g Schokolade oder 2 Eßlöffel Kakao.

Den gesiebten Puderzucker rühren Sie mit Eiweiß und Zitronensaft glatt. Sie erwärmen die Schokolade und mischen sie (oder den Kakao) darunter.

Eiweiß-Glasur

200 g Puderzucker,
1 Eiweiß.

Sie sieben den Puderzucker und verrühren ihn glatt mit dem Eiweiß. Den dickflüssigen Guß verteilen Sie mit einem breiten Messer auf dem kalten Gebäck.

Eiweiß-Schokoladen-Glasur

200 g Puderzucker,
1 Eiweiß,
125 g bittere Schokolade.

Den gesiebten Puderzucker verrühren Sie glatt mit dem Eiweiß und mischen die geriebene, erwärmte Schokolade darunter. Wenn die Glasur zu dick erscheint, können Sie sie mit 1–2 Eßlöffeln Wasser verdünnen.

Mokka-Glasur

250 g Puderzucker,
2 Eßlöffel Nescafé,
2–4 Eßlöffel heißes Wasser,
evtl. 1 Eiweiß.

Sieben Sie den Puderzucker und rühren Sie ihn mit dem im heißen Wasser aufgelösten Nescafé und dem Eiweiß glatt.

Schokoladenglasur

200 g Puderzucker,
3 Eßlöffel Kakao,
3 Eßlöffel Wasser,
1 Eßlöffel Palmin oder Biskin.

Vermischen Sie den Puderzucker mit dem Kakao, rühren Sie ihn mit heißem Wasser glatt und rühren Sie dann das flüssige, aber nicht mehr heiße Kokosfett darunter. Sie glasieren damit das kalte Gebäck.

Schokoladenglasur mit Kuvertüre

90 g Kuvertüre,
175 g Zucker,
1/8 l Wasser.

Lösen Sie die Kuvertüre im Wasserbad auf. Den Zucker kochen Sie mit dem Wasser zum dünnen Faden, mischen ihn langsam unter die Kuvertüre und schlagen die Glasur so lange, bis sich eine Haut bildet. Lassen Sie die Kuvertüre im Wasserbad stehen, damit sie stets dickflüssig bleibt, solange Sie glasieren.

Pink-Glasur

200 g Puderzucker,
2 Teelöffel gemahlene, rote Gelatine,
3 Eßlöffel Erdbeer-, Himbeer- oder Kirschsirup.

Sie sieben den Puderzucker, geben die gemahlene Gelatine zu, verrühren glatt mit dem Sirup und verteilen die Glasur mit einem breiten Messer auf dem noch warmen Gebäck.

Hefeteig-Grundrezept

1 Würfel Hefe (ca. 25 g)
oder 1 Päckchen Trockenhefe,
1/8–1/4 l Milch,
100 g Zucker, 500 g Mehl,
100 g Butter oder Margarine,
1/2 Teelöffel Salz,
1–2 Eier.

Achten Sie stets darauf, daß die Hefe frisch ist! Frische Preßhefe sieht gelblich-weiß aus, riecht obstartig, aber nicht sauer, fühlt sich feucht an, läßt sich leicht zerbröckeln und glatt verrühren. Bei Trockenbackhefe müssen Sie auf das Verfalldatum achten! Beim Hefeteig sollen alle Zutaten gleichmäßig erwärmt sein. Entweder holen Sie Eier, Butter oder Margarine früh genug aus dem Kühlschrank oder Sie tauchen die Eier kurz in heißes Wasser und lassen das Fett lauwarm zergehen, bitte niemals erhitzen! Rühren Sie die Hefe stets *lauwarm*, nie heiß an und stellen Sie den Teig zum Aufgehen nicht zu heiß!

Handarbeit

Die zerbröckelte Hefe rühren Sie mit ca. 1/8 l lauwarmer Milch, 2 Teelöffeln Zucker und 2 Teelöffeln Mehl zu einem glatten Vorteig zusammen. Das trockene, gesiebte Mehl geben Sie in eine Schüssel oder auf ein Backbrett, drücken in die Mitte eine Vertiefung, füllen den Vorteig hinein, bestäuben ihn mit Mehl und lassen ihn in der Wärme gehen. Wenn die Mehldecke aufreißt, ist der Vorteig gegangen. (Die Trockenbackhefe verarbeiten Sie nach Anleitung auf dem Päckchen!) Wichtig für Sie zu beachten ist noch, daß die angerührte Hefe nie direkt mit Fett oder Salz in Verbindung kommt! Den Hefeteig müssen sie solange mit der Hand kneten, bis er Blasen zeigt und sich von der Hand und der Schüssel löst.

Elektrisches Handrührgerät oder Küchenmaschine mit Knethaken

Bei der maschinellen Zubereitung des Hefeteiges können Sie auf den Vorteig verzichten: Geben Sie lauwarme Milch, Fett, Eier, Zucker, Salz und Mehl in eine hohe Schüssel oder Rührschüssel. Die zerbröckelte Hefe verteilen Sie gleichmäßig darüber und arbeiten mit dem Knethaken zuerst auf niedrigster Stufe, dann auf höchster Schaltstufe, bis sich der Teig vom Schüsselrand löst. Den fertigen Teig bestäuben Sie mit etwas Mehl, decken ein Tuch darüber und lassen ihn solange gehen, bis er sich etwa verdoppelt hat.

Rührteig-Grundrezept

125–200 g Butter oder Margarine, 200 g Zucker, 1/2 Päckchen Vanillinzucker oder abgeriebene Schale von 1/2 Zitrone, 4 Eier, 125 g Mondamin, 125 g Mehl, 1/2 Teelöffel Backpulver.

Handarbeit

Sie rühren die Butter oder Margarine schaumig und geben den Vanillinzucker oder den Zitronenabrieb und die Eier dazu. Nach und nach lassen Sie dann das mit Backpulver vermischte Mondamin und Mehl einrieseln. Weitere Geschmacks- oder Backzutaten wie Rosinen, Zitronat, Mandeln, Schokolade etc. jeweils zuletzt unter den Teig mischen! Sie rühren von Hand ca. 20 Minuten, bis der Teig »richtig« ist.

Elektrisches Handrührgerät oder Küchenmaschine mit Rührbesen

Sie geben Butter oder Margarine in Flöckchen in eine hohe Schüssel oder Rührschüssel. Darüber verteilen Sie die übrigen Zutaten und verrühren auf höchster Schaltstufe. Weitere Geschmacks- oder Backzutaten mischen Sie zuletzt unter den Teig (Küchenmaschine: Momentschalter). Sie rühren maschinell: Handrührgerät ca. 2 Minuten, Küchenmaschine: ca. 1 1/2 Minuten, jeweils Gesamtrührdauer.

Mürbteig-Grundrezept

(Knetteig, Hackteig)

200–250 g Mehl, 80 g Zucker, 2 Eßlöffel Weißwein oder saure Sahne, 2 Eigelb oder 1 ganzes Ei, 1 Prise Salz, 125 g Butter oder Margarine.

Handarbeit

Sie häufeln Mehl auf einem Backbrett auf und drücken in die Mitte eine Vertiefung. In diese geben Sie Zucker, Wein oder Sahne, Ei und Salz. Die Butter oder Margarine verteilen Sie in kleinen Stückchen rund um das Mehl. Dann hacken Sie alle Zutaten mit dem Messer erst langsam, dann energisch zusammen, verkneten alles rasch und stellen den Teig zugedeckt etwa 1/2 bis 1 Stunde kalt.

Elektrisches Handrührgerät oder Küchenmaschine mit Knethaken

Sie geben das Mehl in eine hohe Schüssel oder Rührschüssel. Zucker, Wein oder Sahne, Ei, Salz und das weiche Fett geben Sie darauf, verkneten alles auf der niedrigsten Schaltstufe und stellen den Teig kalt.

GEBÄCK VON A BIS Z